Prof. Dr. Carmela Aprea · Prof. Dr. Stefanie Bödeker · Birgit Bürkin ·
Dr. Birgit Happel · Helmut Peters (Hrsg.) · Dr. Heide Preuße · Jacob Risse (Hrsg.)

Finanzielle Resilienz in allen Lebenslagen

Ein Ratgeber für die Kunst, auch in stürmischen Zeiten finanziell stabil zu bleiben

WINDMÜHLE
EDITION BEI FELDHAUS

ISBN 978-3-86451-105-9

FELDHAUS VERLAG GmbH & Co. KG
Postfach 73 02 40
22122 Hamburg
Telefon +49 40 679430-0
Fax +49 40 67943030
post@edition-windmuehle.de
www.edition-windmuehle.de

Layout: FELDHAUS VERLAG, Hamburg
Druck und Verarbeitung: WERTDRUCK, Hamburg

Bibliografische Information der Deutschen Nationalbibliothek
Die Deutsche Nationalbibliothek verzeichnet diese Publikation in der Deutschen Nationalbibliografie; detaillierte bibliografische Daten sind im Internet über http://dnb.d-nb.de abrufbar.

Geleitwort

»Wer sich nicht bewegt,
bleibt auf der Strecke.«
Helmut Peters

Finanzielle Bildung und Resilienz verstärken sich gegenseitig

In den frühen 80er Jahren des vorigen Jahrhunderts hat sich mit der Schuldnerberatung ein neues Arbeitsfeld in der sozialen Arbeit in Deutschland etabliert. Recht früh erkannten einige Berater:innen, dass es zur Vermeidung von Schulden ungemein sinnvoll sein kann, vor allem den jungen Menschen zu sagen, wie es sich mit dem Girokonto und dem beispielsweise für einen Autokauf notwendigen Kredit verhält. Die Idee zur Schuldenprävention war geboren. Schon bald hat auch einer der Herausgeber dieses Buches mit dem Praxishandbuch »Prävention hat viele Gesichter« die ersten Präventionsprojekte, die aus und in der Schuldnerberatung in Deutschland entstanden sind, der interessierten Fachöffentlichkeit vorgestellt. Aus der Schuldenprävention wurde die finanzielle Bildung, die nicht nur jungen Menschen zugutekommen soll. Heute ist lebenslanges Lernen auch in finanziellen Dingen angesagt.

Ich finde es gut und nützlich, dass sich die Autorinnen und Autoren dieses Buches dem Thema zuwenden, wie die finanzielle Resilienz, also die Fähigkeit, mit finanziellen Krisen umzugehen, beim Umgang mit Geld hilft. Resiliente Menschen lassen sich von Rückschlägen nicht so leicht entmutigen – auch nicht von Schulden oder finanziellen Fehlern. Sie sind eher bereit, aus Fehlern zu lernen, einen neuen Plan zu machen und dranzubleiben – was für eine nachhaltige finanzielle Gesundheit wichtig ist.

Ich hoffe mit den Herausgebern und den Autorinnen, dass die Beiträge in diesem Buch einen möglichst großen Anklang finden, nicht nur unter den Kolleg:innen in der Schuldnerberatung.

Marius Stark, Vorsitzender des
Präventionsnetzwerks Finanzkompetenz e.V. (PNFK)

Vorwort

Finanzielle Resilienz: Ein Begriff, der erst auf den zweiten Blick seine ganze Tragweite offenbart. Denn es geht um weit mehr als das bloße Ansparen oder den Umgang mit dem eigenen Geld. Es geht um Stabilität in unsicheren Zeiten und um die Fähigkeit, finanzielle Rückschläge zu verkraften. Es geht um das Wissen, Ressourcen klug zu nutzen und die eigene wirtschaftliche Lebensrealität vorausschauend zu gestalten. Vor allem aber geht es um Freiheit! Die Freiheit, souverän durch das eigene Leben zu navigieren, ohne bei jeder unerwarteten Rechnung, jeder neuen Lebensphase, jeder beruflichen Veränderung oder jeder gesellschaftlichen Krise den Boden unter den Füßen zu verlieren.

In einer Zeit, in der die wirtschaftlichen Herausforderungen für viele Menschen in Deutschland zunehmen, sei es durch Inflation, demografische Umbrüche oder eine immer komplexer werdende Finanzwelt, wird die Fähigkeit, finanzielle Resilienz zu entwickeln und zu stärken, zu einer zentralen Zukunftskompetenz. Doch was bedeutet das konkret für den Alltag?

Welche Entscheidungen tragen langfristig zur finanziellen Widerstandsfähigkeit bei? Und wie kann man diese Fähigkeit in verschiedenen Lebensphasen gezielt aufbauen und stabilisieren?

Genau diesen Fragen widmet sich das vorliegende Buch »Finanzielle Resilienz in allen Lebenslagen«. Es nimmt Sie mit auf eine Reise von den Jugendjahren über das Erwachsenenleben bis hin zum Ruhestand. Diese altersgruppenbezogenen Themen werden eingerahmt durch zwei lebensphasenübergreifende Beiträge. Auf fundierte, alltagsnahe und praxisorientierte Weise wird beleuchtet, wie finanzielle Resilienz grundlegend und lebensphasenspezifisch aufgebaut und gestärkt werden kann.

Im ersten Kapitel legen Heide Preuße, Stefanie Bödeker & Birgit Bürkin die Grundlage mit der Betrachtung der Haushaltsführung. Sie zeigen, wie bereits im Alltag mit überschaubaren Maßnahmen Stabilität geschaffen werden kann. Im zweiten Kapitel widmet sich Jacob Risse einer der wichtigsten Zielgruppen, der Jugend, die synonym als unsere Zukunft verstanden werden kann. Er liefert nicht nur Impulse für Eltern, Lehrkräfte und Erziehungsberechtigte, sondern auch konkrete Best-Practice-Beispiele, wie finanzielle Bildung bereits im frühen Alter gelingen kann. Im dritten Kapitel öffnet Birgit Happel den biografischen Blick: Wie wirken sich persönliche Lebenswege auf den Umgang mit Geld aus? Welche Chancen und Hürden zeigen sich im Rückblick auf die eigene finanzielle Entwicklung? Kapitel vier richtet sich an Menschen im Ruhestand und all jene, die sich darauf vorbereiten möchten. In diesem Kapitel formuliert Helmut Peters klare Tipps, wie finanzielle Resilienz auch im Alter erhalten oder sogar noch gestärkt werden kann. Im abschließenden Beitrag schafft Carmela Aprea eine verbindende Klammer und ordnet die Einzelbeiträge des Bandes in den weiteren Forschungskontext zur finanziellen Resilienz und zur Finanzbildung ein.

Dieses Buch ist kein trockener Ratgeber und kein Appell zum Verzicht. Es ist ein Handbuch zur Selbstermächtigung. Es lädt dazu ein, Verantwortung zu übernehmen, für sich selbst, für die eigene Zukunft und für die Menschen um uns herum. Es ist ein Plädoyer für eine Gesellschaft, in der finanzielle Resilienz kein Zufall, sondern ein erlernbares Gut ist.

Wir wünschen Ihnen beim Lesen viele Aha-Momente, Erkenntnisse und vor allem den Mut, neue Wege zu gehen – für mehr Stabilität, mehr Selbstbestimmung und eine Zukunft, die Ihnen gehört.

Herzlichst, *Helmut Peters & Jacob Risse*

Danksagung

Ein herzliches Dankeschön gilt zunächst allen Autorinnen und Autoren dieses Werkes. Mit ihrem Engagement, ihrer Expertise und ihren vielfältigen Perspektiven haben sie dieses Buch zu dem gemacht, was es ist: ein facettenreicher, praxisnaher und zugleich wissenschaftlich fundierter Beitrag zur finanziellen Resilienz in allen Lebenslagen.

Wir danken dem Feldhaus Verlag für das Vertrauen in unser Projekt und die professionelle Begleitung auf dem Weg zur Veröffentlichung. Besonderer Dank gebührt Professor Dr. oec. Gerhard Raab, Hochschule für Wirtschaft und Gesellschaft Ludwigshafen, der durch seine Unterstützung und Vermittlung den Kontakt zum Verlag ermöglicht hat.

Ein tiefes Dankeschön geht auch an unsere Familien. Für ihre Geduld, ihr Verständnis und ihre Rückendeckung, besonders in intensiven Phasen, sind wir sehr dankbar. Ohne diese Unterstützung wäre dieses Buch in dieser Form nicht möglich gewesen.

Inhaltsverzeichnis

1

Finanzielle Resilienz im privaten Haushalt

Heide Preuße
Stefanie Bödeker
Birgit Bürkin

2

Finanzielle Resilienz für Kinder und Jugendliche

Jacob Risse

3

Finanzielle Resilienz aus biografieanalytischer Perspektive

Birgit Happel

1

Finanzielle Resilienz im privaten Haushalt[1]

Heide Preuße · Stefanie Bödeker · Birgit Bürkin

Einleitung

Es läuft finanziell nicht immer rund im Privathaushalt. Ein Gehalt bricht weg, die Miete steigt, die Nachzahlung der Nebenkosten ist überraschend hoch, eine unerwartete Reparatur steht an. Dies kann finanzielle Sorgen auslösen, zu Streitigkeiten und Schuldgefühlen bis hin zu existenziellen Ängsten führen.

Die Ursachen für finanzielle Probleme sind sehr verschieden. Sie können auf Veränderungen im Haushalt selbst, z. B. eine Trennung vom Partner, oder im Umfeld des Haushalts, z. B. massive Preissteigerungen, zurückzuführen sein. In jedem Fall müssen die Personen in den betroffenen Haushalten ungünstige finanzielle Entwicklungen wahrnehmen und darauf angemessen reagieren. Dazu bedarf es vielfach einer erheblichen Widerstandskraft, auch Resilienz genannt.

Nachfolgend wird untersucht, wie das weit verbreitete Konzept der Resilienz auf finanzielle Fragen privater Haushalte übertragen werden kann und welche Maßnahmen und Hilfen sich für Fachkräfte der finanziellen Bildung und Beratung daraus ableiten lassen. Die Ausführungen stellen den Haushalt als sozialökonomische Einheit in den Mittelpunkt. Familien als Eltern-Kind-Gemeinschaften bilden eine Teilgruppe aller Haushalte.

1.1 Begriff der (finanziellen) Resilienz

Die umfangreiche Literatur zum Thema Resilienz lässt sich grob drei Bereichen zuordnen: der Resilienz von Personen, von Institutionen wie Wirtschaftsunternehmen und von Aspekten der natürlichen Umwelt. Besonders die beiden erstgenannten bieten Ansatzpunkte für eine Übertragbarkeit auf die Besonderheiten der finanziellen Resilienz.

1.1.1 Allgemeine Merkmale von Resilienz

Entwicklungspsychologische und sozialpädagogische Untersuchungen stellen Einzelpersonen in den Mittelpunkt ihrer Betrachtung[2]. Für Kinder und Jugendliche widmen sie sich der Frage, welche Faktoren trotz schwieriger Rahmenbedingungen im persönlichen Umfeld ein Aufwachsen im Wohlergehen und mit positiver Zukunftsperspektive ermöglichen. Bei Erwachsenen geht es darum herauszufinden, wie sie diese schwierige Lebenssituationen (besser) meistern können. Die Ergebnisse sind auch in privaten Haushalten von Bedeutung, weil dort Personen mit bestimmten Prägungen und Lebenserfahrungen handeln und durch ihr Handeln und ihre Entscheidungen die finanzielle Entwicklung maßgeblich beeinflussen können.

Sofern es nicht um den Umgang mit Geld in Einpersonenhaushalten geht, können ökonomische Herangehensweisen interessant sein, weil hier das Zusammenspiel mehrerer Akteure für einen nachhaltigen wirtschaftlichen Erfolg untersucht wird. Die Finanzen bilden ebenso wie in einem privaten Haushalt ein zentrales Thema des wirtschaftlichen Handelns. Allerdings ist zu bedenken, dass es in Haushalten nur selten hierarchisch ausgeprägte Führungsstrukturen gibt und die emotionalen Beziehungen unter dem Aspekt des Sorgens füreinander in der Regel dominieren.

Die persönliche Widerstandskraft ist durch biologische, psychologische und psychosoziale Faktoren bestimmt[3]. Wichtig für die Entwicklung »innerer Stärke[4]« ist der Sozialisationsprozess und hier besonders die stabile emotionale Bindung zu mindestens einer primären Bezugsperson. Diese Beziehung bildet einen grundlegenden persönlichen Schutzfaktor[5].

Daneben gibt es je nach persönlicher Lebenssituation weitere Schutz-, aber auch Risikofaktoren. Zwischen Schutz- und Risikofaktoren bestehen Wechselwirkungen. Ein Aufwiegen von Schutz- und Risikofaktoren ist aber nicht möglich. Das Ausmaß der vorhandenen Resilienz ist abhängig von den Ausprägungen der verschiedenen Schutz- und Risikofaktoren.

Resilienz ist besonders in Krisensituationen erforderlich, die durch unerwartete/plötzliche Störungen mit größerem Ausmaß gekennzeichnet sind, ist aber auch in herausfordernden Alltagssituationen relevant[6]. Je größer belastende Einflüsse sind, desto schwieriger ist der Umgang damit[7].

Resilienz verändert sich mit Erfahrungen und bewältigten Ereignissen[8]. In einem fortdauernden Prozess sind immer wieder Reaktionen auf Veränderungen und Störungen nötig, die als Bewältigungsstrategien bezeichnet werden. Positive Erfahrungen aus Anpassungs-, Lern- und Transformationsprozessen stärken die Widerstandskraft[9]. Daraus lässt sich ableiten, dass Resilienz in gewissem Maße trainierbar ist. Sie lässt sich aber nicht beliebig herstellen[10]. Eine Förderung von Resilienz zielt auf zwei Dimensionen ab: Zum einen geht es um persönliche Schlüsselfaktoren, d. h. Eigenschaften und Einstellungen, die den Willen für ein zielbezogenes Handeln aufzeigen. Zum anderen werden Wissen und kognitive Fähigkeiten zur Bewältigung schwieriger Situationen benötigt. Diese werden im Privathaushalt als Alltagskompetenzen und speziell für den Finanzbereich als Finanzkompetenzen bezeichnet.

1.1.2 Persönliche Schlüsselfaktoren

Die erste der beiden Resilienzdimensionen lässt sich durch zehn »Resilienzschlüssel[11]« beschreiben. Sie sind Voraussetzung für den erfolgreichen Umgang mit Herausforderungen und Krisen. Ihre Ausprägungen bestimmen auch in privaten Haushalten das Ausmaß von Resilienz:

Achtsamkeit: *rechtzeitige Wahrnehmung ungünstiger Entwicklungen dadurch, dass die eigene Lebenssituation regelmäßig reflektiert und Wirkungen des eigenen Handelns sowie von Veränderungen der Rahmenbedingungen im Blick behalten werden*

Ungewissheitstoleranz: *sich bewusst sein, dass Gegebenheiten im Haushalt und seinem Umfeld sich fortwährend wandeln, ohne dass Richtung und Ausmaß eindeutig vorhersehbar sind*

Veränderungsbereitschaft: *Offenheit für neue Lebensphasen und für die Chancen und Risiken, die sich durch den sozialen und wirtschaftlichen Wandel ergeben, sowie die daraus resultierenden Anpassungserfordernisse*

Akzeptanz: *Bereitschaft, kritische Lebensereignisse und vom Umfeld des Haushalts ausgelöste Störungen anzunehmen und darauf aktiv zu reagieren*

Optimismus: *Zuversicht, dass auftretende Probleme lösbar sind*

Selbstwirksamkeit: *Vertrauen in die eigenen Fähigkeiten zur Anpassung an neue Lebenssituationen*

Eigenverantwortung: *Bereitschaft zur Übernahme eines aktiven Parts bei der Lösung von Problemen*

Netzwerkorientierung: *Informationssuche und Inanspruchnahme von Hilfen, Kooperationsbereitschaft innerhalb und außerhalb des Haushalts*

Lösungsorientierung: *Aufgeschlossenheit, neue Wege zu gehen und kreativ nach Handlungsalternativen zu suchen und im Vergleich zu bewerten*

Zukunftsorientierung: *Weitsicht in Bezug auf interne und externe Veränderungen*

Sofern sich in einem Haushalt zwei und mehr (erwachsene) Haushaltsmitglieder um finanzielle Belange kümmern, ist davon auszugehen, dass individuelle Schlüsselfaktoren auf unterschiedliche Weise wirksam werden können. Sind die Schlüsselfaktoren bei den Haushaltsmitgliedern positiv ausgeprägt, kann dies die Resilienz des Haushalts verstärken. Umgekehrt dürfte die Widerstandskraft deutlich geschwächt sein, wenn es keine Person gibt, die einer schwierigen finanziellen Situation aktiv entgegentritt. Auch wenn unterschiedliche Einschätzungen und Vorstellungen der Haushaltsmitglieder zu Konflikten führen, dürfte eine Bewältigung von Krisen schwierig sein. Es ist aber auch denkbar und möglich, dass eine einzelne Person besondere Widerstandskraft zeigt und das Problem zum Wohle aller »in die Hand nimmt«.

Dabei ist in Haushalten davon auszugehen, dass die einzelnen Menschen mehrheitlich nicht rein egoistisch (nutzenmaximierend) handeln, sondern ihnen das Wohlergehen anderer wichtig ist[12]. Damit durch das individuelle Handeln und Entscheiden keine für den Haushalt widersprüchlichen Ergebnisse erzielt werden, sind Absprachen untereinander von großer Bedeutung.

Dadurch werden die Kriterien und Regeln für Entscheidungen bestimmt oder es lässt sich festgelegen, wer sich um was kümmert. Eine gute Kommunikation untereinander bei der Reflexion des Haushaltsgeschehens und der Suche nach Lösungen bei auftretenden Problemen ist also in jedem Fall unerlässlich.

1.1.3 Finanzkompetenz

Das Können als zweite Resilienzdimension lässt sich über die vorhandene Finanzkompetenz des Haushalts bestimmen. Einem Ansatz des Nationaal Instituuts voor Budgetvoorlichting/Utrecht[13] folgend kann Finanzkompetenz in vier Anforderungsbereiche untergliedert werden. Sie setzen Grundfähigkeiten im Lesen, Schreiben und Rechnen voraus und beinhalten sowohl finanzielles Wissen als auch (methodische) Fertigkeiten:

- *Erwerb von genügend/ausreichendem Einkommen, um über die Runden zu kommen*
- *Organisation von Geldangelegenheiten (Nutzung sicherer und angemessener Zahlungsmethoden, Haushaltskonten in Ordnung halten, Dokumentieren und Überwachen von Einnahmen und Ausgaben)*
- *Geld verantwortlich ausgeben (Prioritäten setzen, kritisch konsumieren, finanzielle Engpässe erkennen und darauf reagieren, sich in angemessenem Rahmen verschulden)*

- *Vorbereitet sein auf erwartbare und unerwartete Änderungen (künftige Wünsche und Lebensumstände berücksichtigen, Unvorhersehbares antizipieren, sorgfältige Auswahl von Finanzprodukten)*

Als weiterer Anforderungsbereich sollte ergänzt werden[14]:

- *Hilfe- und Unterstützungsangebote kennen und bei Bedarf in Anspruch nehmen (Ämter, Beratungsstellen)*

In Anlehnung an Nibud[15] lassen sich die allgemeinen Ausführungen zur Resilienz in einer Definition zusammenfassen:

Ein Individuum oder ein Haushalt ist finanziell resilient, wenn es gelingt, Einnahmen und Ausgaben gegenwärtig und zukünftig in einem Gleichwicht zu halten.

1.2 Private Haushalte als dynamische Handlungssysteme

Das Ziel, Einnahmen und Ausgaben über die Zeit auszubalancieren, stellt erhebliche Anforderungen an jeden Haushalt. Sie müssen im Rahmen des Haushaltsgeschehens insgesamt gesehen werden, um zu verstehen, wann Widerstandskraft besonders gefordert ist und ob diese in der jeweiligen Situation in ausreichendem Maße gegeben ist. Es geht um das Verständnis der Funktionsweise eines Haushalts[16]. Jeder Haushalt hat die Aufgabe, eine bedarfsgerechte Versorgung der Haushaltsangehörigen in den Bereichen Ernährung, Kleidung, Gesundheit und Körperpflege, Wohnen, Mobilität, soziale Teilhabe, Risikoabsicherung usw. sicherzustellen. Für bestimmte Personengruppen (wie Kinder, Pflegebedürftige, Behinderte) werden darüber hinaus spezielle Leistungen der Erziehung, Pflege und Betreuung benötigt. Die Erfüllung der Aufgaben erfolgt durch das Handeln von Haushaltsangehörigen für sich selbst und ggf. durch weitere Haushaltsangehörige. Die Versorgung, Erziehung, Pflege und Betreuung benötigt Zeit, die als Hausarbeit bezeichnet wird. Für die Beschaffung von Gütern und Dienstleistungen muss Geld verfügbar sein.

1.2.1 Ziele und Mittel im Haushaltshandeln

Wieviel Zeit und Geld gebraucht wird, hängt nicht nur von der Haushaltsgröße und der Haushaltszusammensetzung, sondern auch von der Lebensweise und den Ansprüchen der Haushaltsangehörigen ab. Darin kommen die Ziele des Handelns zum Ausdruck, die grundsätzlich im Haushalt frei wählbar sind, aber berücksichtigen müssen, über welche Ressourcen und Handlungsspielräume der Haushalt zur Zielerreichung verfügen kann. Darin besteht die Anforderung des Wirtschaftens, bei dem es darum geht, angestrebte Ziele und verfügbare Mittel in Einklang zu bringen. Für jeden Haushalt besteht die Aufgabe darin, entweder die Ziele an die vorhandenen Mittel anzupassen oder die für die Zielerreichung erforderlichen Mittel zu beschaffen.

Die im Haushalt selbst verfügbaren Ressourcen setzen sich zusammen aus Zeitkapazitäten für Erwerbs- und Hausarbeit, Einkommen und Vermögen, formalen Bildungsabschlüssen und den Alltagskompetenzen. Sie können unter Umständen durch gesundheitliche Beeinträchtigungen einzelner Haushaltsangehöriger negativ beeinflusst werden.

Handlungsspielräume werden den Haushalten vor allem durch Angebote im Umfeld des Haushalts eröffnet. Damit ist eine Vielzahl von Alternativen für die Lebensgestaltung gemeint, die der Haushalt nach seinen Vorstellungen nutzen kann. Sie beziehen sich auf z. B. Einkaufsmöglichkeiten im stationären Handel oder im Internet, Finanzdienstleistungsprodukte, Gesundheitseinrichtungen, Bildungs-, Beratungs- und Betreuungsinstitutionen, öffentliche und sozialstaatliche Leistungen.

Der Einsatz von Ressourcen und die Nutzung von Handlungsspielräumen kann durch Verwendung von Geld- und Zeitgrößen konkret in Zahlenwerten gemessen werden. Das Finanzsystem ist also nur ein Teilbereich des Haushalts, an dem aber eine Vielzahl an Haushaltshandlungen sichtbar wird und Prioritätensetzungen erkennbar sind. Zwischen Finanz- und Zeitsystem bestehen vielfältige Wechselbeziehungen. Sie zeigen sich z. B., wenn durch einen höherer Zeiteinsatz für Erwerbstätigkeit zwar das Einkommen erhöht wird, dafür aber weniger Zeit für die Hausarbeit zur Verfügung steht. Ein anderes Beispiel betrifft allein die Hausarbeit. Wenn überwiegend nicht selbst gekocht wird, sondern Angebote des Außer-Haus-Verzehrs genutzt werden, bedeutet das eine Zeitersparnis, die aber meistens mit höheren Ausgaben verbunden ist.

Wie das Abstimmen von Zielen und Mitteln gelingt, zeigt sich im Zeitsystem an Überlastungen oder freien Zeitkapazitäten einzelner Personen. Im Finanzsystem ist das Auskommen mit dem Einkommen ein Indikator. Dies entspricht der Definition von Resilienz, die das ausgewogene Verhältnis von Einnahmen und Ausgaben in den Mittelpunkt stellt, welches langfristig sichergestellt werden muss.

1.2.2 Störfaktoren für das finanzielle Gleichgewicht

Daraus ergeben sich besondere Anforderungen an den Umgang mit Geld, weil folgende Einflüsse ein einmal erreichtes finanzielles Gleichgewicht stören können:

Erheblich schwankende Einnahmen und Ausgaben: Einige Ausgaben unterliegen ausgeprägten Schwankungen dadurch, dass höherwertige Gebrauchsgüter wie Möbel, technische Ausstattungsgegenstände und Verkehrsmittel in unregelmäßigen Abständen an- und wiederbeschafft werden und dadurch die Ausgaben von Monat zu Monat sehr unterschiedlich hoch ausfallen. Auch jahreszeitliche Verläufe können auftreten wie das Bezahlen einer Urlaubsreise oder der Einkauf von Weihnachtsgeschenken. Schwer kalkulierbar sind darüber hinaus unerwartete Reparaturen oder Nachzahlungen für Energie. Auch die Einnahmen können erheblichen Schwankungen unterworfen sein. Dies betrifft besonders Selbstständige, die im Unterschied zu Arbeitnehmerhaushalten meist keine regelmäßigen Einkommen in konstanter Höhe haben.

Interne Veränderungen der Lebenssituation: Sowohl die Einnahmen- als auch die Ausgabenseite des Budgets unterliegt Schwankungen im Laufe der Entwicklung eines Haushalts von der Gründung bis zur Auflösung. Auf der Einnahmenseite sind Erwerbseinkommen, Leistungen von Sozialversicherungen, staatliche oder private Transferzahlungen in einzelnen Lebensphasen und Lebenslagen verschieden hoch bzw. machen unterschiedliche Anteile an den Gesamteinnahmen aus. Je nach Haushaltsgröße und Haushaltszusammensetzung ist auch der Geldbedarf des Haushalts insgesamt mal höher und mal niedriger. Er verändert sich mit den Lebensphasen einzelner Personen. Wenn es nur wenige Personen gibt, die Erwerbs- und Hausarbeit leisten können, aber viele mit einem Zeit- und Geldbedarf, ergeben sich hohe zeitliche und finanzielle Belastungen, wie sie sich z. B. bei Alleinerziehenden und Paaren mit drei und mehr Kindern zeigen. Eine finanzielle Belastung kann sich z. B. auch im Familienhaushalt nach der Geburt von Kindern einstellen, wenn Arbeitszeiten reduziert werden sollen, aber noch Ratenverpflichtungen aus Ausbildungskrediten das Haushaltsbudget belasten und deshalb der Erwerb von Wohneigentum verschoben werden muss.

Veränderungen externer Bedingungen mit Wirkung auf die Haushaltssituation: Der Wandel in der natürlichen, gesellschaftlichen und wirtschaftlichen Umwelt beeinflusst ebenfalls fortlaufend das Haushaltsgeschehen und die Haushaltsfinanzen. Er wird konkret deutlich in wirtschaftlichen Krisen mit Arbeitsplatzverlusten, Preissteigerungen oder fehlenden zeitnahen Anpassungen von Sozialleistungen. Speziell diese äußeren Einflüsse haben in den letzten Jahren in ihrer Bedeutung zugenommen. Sie erzeugen Unsicherheit in vielen Haushalten und sind erhebliche Störgrößen für das Finanzsystem, weil sie häufig plötzlich auftreten und das finanzielle Gleichgewicht in erheblichem Maße ungünstig beeinflussen.

1.2.3 Anforderungsstufen bei Anpassungen des Finanzsystems

Die aufgeführten Wirkungszusammenhänge im Finanzsystem gehen mit unterschiedlich hohen Anforderungen an die Aufrechterhaltung des finanziellen Gleichgewichts einher. Grob können zwei Anforderungsstufen unterschieden werden:

Alltagsroutine: Jeder Haushalt entwickelt eine Routine im Umgang mit Geld. Diese beinhaltet meistens auch Kontrollmechanismen, die Zahlungsströme und das finanzielle Gleichgewicht im Blick zu behalten, z. B. durch regelmäßiges Überprüfen von Kontoauszügen und vorausschauendes Einplanen von absehbaren unregelmäßigen und/oder höheren Ausgaben. Dies kann durch den Aufbau finanzieller Reserven geschehen. Ändert sich die Haushaltssituation mit einer neuen Lebensphase, besteht die Herausforderung darin, sich über die Wirkungen zu informieren und das Haushaltsbudget darauf anzupassen. Vielfach hängen mit neuen Lebensphasen auch Entscheidungen über den Erwerb von Gütern oder die Inanspruchnahme von Dienstleistungen zusammen. Für deren bedarfsgerechte Auswahl zu angemessenen Preisen (z. B. Abschluss von Versicherungen) bieten sich besonders neutrale Ratgeber- oder Beratungsangebote von Verbraucherzentralen sowie weitere spezialisierte Informationsquellen an.

Allgemeine Finanzkompetenzen, die auch den Zugang zu spezielleren Themen erschließen, sind für diese Anforderungsstufe unabdingbar, in der der Haushalt sich eigenständig und selbstorganisiert um alle seine finanziellen Aufgaben kümmert.

Problemlösung: Sofern der Haushalt in eine finanziell schwierige Situation gerät, die die Haushaltsangehörigen nicht selbst lösen können, ist professionelle Hilfe einer Budget- bzw. Schuldnerberatung wichtig. Budgetberatung unterstützt die Ratsuchenden dabei, »die aktuelle finanzielle Situation ihres Haushalts zu klären, bestehende Probleme zu lösen oder präventiv zu wirken. Fachlich qualifizierte Beratungskräfte analysieren gemeinsam mit dem Ratsuchenden die Ist-Situation und erarbeiten Handlungsvorschläge, um ein finanzielles Gleichgewicht zu erhalten bzw. wiederherzustellen[17]« . Im Unterschied zur Budgetberatung geht es in der Schuldnerberatung in der Regel um die Bearbeitung einer Überschuldungssituation, die eine krisenhafte Entwicklung aufhalten muss.

Auf alle finanziellen Veränderungen und Störungen im Finanzsystem muss ein Haushalt in angemessener Form reagieren können.

1.2.4 Bewältigungsstrategien

Im Falle, dass erhebliche Probleme zu lösen sind oder eine Krisenbewältigung erforderlich ist, spricht man vom Bewältigen oder auch englisch Coping. Man unterscheidet dabei zwischen emotionalen Reaktionen, wie Verdrängen oder anderen die Schuld an der eigenen Situation geben, und problemlösenden Verhaltensweisen. Nur letztere ermöglichen nachhaltige Anpassungen zur Aufrechterhaltung oder Wiederherstellung eines finanziellen Gleichgewichts.

In Anlehnung an Kölbel, Erckrath[18] können drei idealtypische Formen unterschieden werden, mit denen Haushalte auf Störungen und deren Folgen reagieren:

Finden eines neuen Gleichgewichts, das der früheren Situation möglichst ähnlich ist: Anpassungen werden erreicht durch die Verbesserung der Einkommenssituation und/oder die Reduzierung der Ausgaben durch (vorübergehenden) Verzicht, Kauf anderer oder preiswerterer Produkte, selbst erstellte Leistungen statt Marktbezug, Inanspruchnahme von Second-Hand-Angeboten oder Vergünstigungen im Mobilitäts- und Kultursektor mit Hilfe von Städtepässen.

Aushalten/Integrieren: Dies ist dann der Fall, wenn jemand sich aufgrund eines Mangels an Handlungsmöglichkeiten mit seiner Situation abfindet und trotz objektiv verschlechterter Lebensbedingungen subjektiv relativ zufrieden ist. Beispiele sind die Änderung der Lebensweise aufgrund einer Erkrankung oder die Überschuldung im Seniorenalter, wenn keine Veränderung der Einkommenssituation erreicht werden kann.

Transformation: die Lebensweise grundsätzlich mit neuen Sinnsetzungen verändern, die nicht als Einschränkungen empfunden werden. Dies wird häufig bedingt durch kritische Lebensereignisse, die Diskontinuitäten bzw. Brüche ausgelöst haben. Beispiele sind ein Wechsel der Ernährungsform, die Abschaffung des Autos, die bewusstere Auswahl von (nachhaltigen) Geldanlagen. Transformationsprozesse sind nicht notwendigerweise mit finanziellen Schwierigkeiten verbunden, sondern können auch durch eine reflektiert begonnene, neue Lebensphase oder neue Freundschaften mit Vorbildwirkung ausgelöst werden. Beispielsweise achten Eltern mit der Geburt des ersten Kindes häufig mehr auf eine gesunde Ernährung und ihre Haushaltsfinanzen.

Die Eingangsfragen vom Kapitelanfang lassen sich nun folgendermaßen beantworten:

Finanzielle Resilienz ist besonders dann erforderlich, wenn der Haushalt von plötzlichen und gravierenden Änderungen betroffen ist, die massive finanzielle Probleme auslösen oder in eine Krise führen können. Sie setzt Finanzkompetenz voraus und wird durch gelungene Anpassungen an neue Lebensphasen und das Bewältigen (kritischer) Lebensereignisse gestärkt. Die Widerstandskraft eines Haushalts ergibt sich einerseits aus der Resilienz der einzelnen Haushaltsmitglieder und andererseits durch verschiedene weitere Schutz- und Risikofaktoren.

1.2.5 Schutz- und Risikofaktoren von Haushalten

Schutz- und Risikofaktoren sind vorübergehend oder dauerhaft vorgegeben und teilweise durch aktives Handeln beeinflussbar. Die nachfolgende Checkliste fasst zusammen, welche Merkmale als Schutz- und Risikofaktoren zur finanziellen Resilienz beitragen können. Die Beschreibung der Ausprägungen ist beispielhaft und kann mit eigenen Beispielen ergänzt werden.

	Merkmal	Ausprägung als Risikofaktor	Ausprägung als Schutzfaktor
Haushalts- und personengebundene Faktoren	***Persönlichkeit***	• *Schlüsselfaktoren wenig positiv ausgeprägt* • *starke Beeinflussung durch gesellschaftliche Trends (Konsumstandards)* • *gesundheitliche Beeinträchtigung*	• *Schlüsselfaktoren überwiegend positiv ausgeprägt* • *gesundheitliche Stabilität*
	Beziehungsqualität intern/ Kommunikation	• *kontroverse Prioritäten* • *fehlender Austausch, dominante Personen, die wenig Rücksicht auf Interessen anderer nehmen*	• *gemeinsame Ziele* • *Offenheit in der Kommunikation* • *Empathie und Wertschätzung: Bereitschaft zu Kompromissen*
	Lebensphase	• *besondere Anforderungen: Betreuung von Kindern, Pflegebedürftigen* • *unsicherer Arbeitsplatz* • *Übergang in eine neue Lebensphase: z. B. Haushaltsgründung, Trennung*	• *mehrere Einkommensbezieher* • *geringe Verpflichtungen bzgl. Versorgung Kinder, Senioren* • *Arbeitsplatzsicherheit* • *neue Lebensphase zeichnet sich nicht ab*
	Finanzstatus	• *Einkommen unregelmäßig und/oder in Höhe schwankend* • *Schulden*	• *Einkommen regelmäßig und in Höhe bekannt* • *Vermögen (Geldvermögen, Wohneigentum)*
	Alltags-/ Finanzkompetenz	• *Wissen und Fertigkeiten entsprechen nicht den Anforderungen*	• *Wissen und Fertigkeiten entsprechen den Anforderungen*
Umgebungsfaktoren	***Privates Netzwerk***	• *finanzielle Anhängigkeit gegenüber haushaltsexternen Personen* • *finanzielle Verpflichtungen gegenüber haushaltsexternen Personen*	• *immaterielle und materielle Unterstützung durch Personen im Umfeld des Haushalts vorhanden oder möglich*
	Umwelt	• *soziale Absicherung nicht existenzsichernd* • *gesellschaftliche/ wirtschaftliche Krise (z. B. Rezessionsphase)*	• *soziale Absicherung (z. B. Grundsicherung, Krankenversicherung)* • *rechtlicher Rahmen: Einlagensicherung, Insolvenzverfahren, Verbraucherschutz* • *Verbraucherberatung und -information, Budget- und Schuldnerberatung*

1.3 Maßnahmen zur Förderung der finanziellen Resilienz

Bei der Finanzkompetenz als Schutz- und Risikofaktor handelt es sich um Handlungskompetenz und damit um einen Faktor, der durch finanzielle Bildung aufgebaut werden kann. Die Vermittlung von Finanzkompetenz ist somit eine wichtige Strategie, um private Haushalte durch professionelle Angebote zu unterstützen und die Resilienz zu stärken.

1.3.1 Finanzielle Bildung

Angebote zur finanziellen Bildung ergänzen insbesondere bei Kindern und Jugendlichen das bereits in der Familie erworbene Wissen und die vorhandenen Fertigkeiten im Umgang mit Geld. Sie können im Unterricht an Schulen etabliert werden oder in anderen Lernsettings, z. B. Projekten im Rahmen von beruflichen Ausbildungen, auf das Leben im eigenen Haushalt vorbereiten. Punktuell gibt es auch Workshops und Seminare für Erwachsene.

Im Kern können Fachkräfte die Finanzkompetenz durch Bildung fördern, indem sie dabei unterstützen,

- *ein Grundverständnis für die Aufgabe zu entwickeln, wie das Budget in Balance gebracht und gehalten werden kann,*
- *zu verstehen, wie Lebensweise und Ansprüche sich finanziell auswirken,*
- *verfügbare Ressourcen zu erkennen und adäquat einzusetzen,*
- *Wissen um die Bedeutung der Kommunikation über Geld zu gewinnen,*
- *methodische Hilfsmittel zur Budgetanalyse und Budgetplanung kennenzulernen sowie diese anzuwenden und die Ergebnisse der Analysen bewerten zu können,*
- *die eigene Position als Akteur im wirtschaftlichen, sozialen und ökologischen Umfeld zu verstehen,*
- *seriöse Angebote zur Information und Beratung kennenzulernen.*

1.3.2 Informationsangebote

Angebote zur Selbstinformation der Haushalte bieten eine gute Hilfestellung, da sie themen- und zielgruppenspezifisch auf spezifische Situationen und Fragestellungen eingehen können. Fachkräfte können geeignete Materialien entwickeln oder empfehlen sowie auf Angebote vor Ort im sozialräumlichen Netzwerk und in sozialen Medien aufmerksam machen.
Beispiele für themen- und zielgruppenspezifische Informationsangebote sind:

- *Angebote zu lebensereignis- und lebensphasenspezifischen Besonderheiten, z. B. zur Haushaltsgründung, Geburt von Kindern, Trennung/Scheidung, Ruhestand*

- *themenspezifische Angebote zu Chancen und Risiken von Finanzdienstleistungen, z. B. »buy now pay later«, Geldanlage, Wohneigentum finanzieren*
- *Angebote mit Bezug zum Sozialraum, z. B. Broschüren zu kostenfreien und günstigen lokalen Angeboten wie »Frankfurt kann günstig«*[19]

1.3.3 Beratung

Im Problem- und Krisenfall sind die Selbsthilfekräfte häufig erschöpft. Die aktive Unterstützung der Haushalte im Rahmen von Beratungsangeboten wird zu einer zentralen Maßnahme. Dennoch besteht die Gefahr, dass mögliche Lösungsansätze in der ersten Schock- und Verneinungsphase zunächst nicht gesehen oder abgelehnt werden. Erst bei Eintritt in die Phase der Akzeptanz kann der Blick auf die Lösung gewendet werden und Beratung wirkungsvoll unterstützen.

Im Rahmen von spezialisierten und integrierten Angeboten der Budget- und Schuldnerberatung können Fachkräfte

- *Ratsuchende zunächst beruhigen und dabei unterstützen, die Situation anzunehmen, um Lösungswege zu finden,*
- *persönliche Merkmale beachten, vorhandene Rollenverteilungen und Handlungsmaßstäbe klären und so den Bezug zur Lebenswelt des Ratsuchenden herstellen,*
- *Ressourcen identifizieren und Möglichkeiten erarbeiten, wie diese eingesetzt werden können,*
- *das Selbstvertrauen stärken und machbare Lösungen entwickeln, die in kleinen Schritten zum Ziel führen können,*
- *gegebenenfalls unberechtigte Schuldgefühle nehmen,*
- *zukunftsorientiert beraten und kleine Belohnungen einbauen, Einsichten und Aha-Effekte vermitteln,*
- *Ansprüche auf sozialrechtliche Hilfen prüfen, Netzwerke nutzen und aufzeigen, wo es finanzielle Hilfe gibt,*
- *Verschuldungssituationen analysieren und gegebenenfalls mit Gläubigern verhandeln, Schuldenregulierungen einleiten und Verbraucherinsolvenzverfahren nutzen.*

1.4 Resümee

Finanzielle Resilienz als Begriff beschreibt die Widerstandskraft, die Individuen oder Haushalte aufbringen, um finanzielle Herausforderungen und Krisen zu bewältigen. Ziel dabei ist es, Einnahmen und Ausgaben gegenwärtig und zukünftig im Gleichgewicht zu halten.

Das Konzept der Resilienz liefert einen geeigneten Bezugsrahmen, um verschiedene Schutz- und Risikofaktoren systematisch zu betrachten. Es handelt sich um personen- und haushaltsgebundene Merkmale und Umgebungsfaktoren, die jeweils durch ihre Ausprägungen zu mehr oder weniger Resilienz in der Bewältigung finanzieller Herausforderungen und Krisen führen können. Darunter sind zwei Dimensionen, die in gewissem Maße trainierbar sind: die persönlichen Schlüsselfaktoren und die Finanzkompetenz.

Persönliche Schlüsselfaktoren sind eine Voraussetzung für eigenverantwortliches Haushaltshandeln und Anpassungsmaßnahmen zur Aufrechterhaltung oder Wiederherstellung des finanziellen Gleichgewichts. Finanzielle Bildung und Beratung können Wissen und Fertigkeiten vermitteln und dadurch Finanzkompetenz aufbauen. Dadurch wird die finanzielle Resilienz gestärkt.

Dennoch gilt unbedingt zu beachten, dass persönliche Schlüsselfaktoren und Finanzkompetenz zwar notwendige, jedoch keine hinreichenden Bedingungen für finanzielle Resilienz sind. Die Vielzahl der Schutz- und Risikofaktoren verdeutlicht auch, dass Konzepte zur Stärkung der finanziellen Resilienz die Komplexität des Handelns in privaten Haushalten berücksichtigen müssen. Dies sollte sich deutlicher in Bildungsstrategien und Bildungsangeboten niederschlagen.

Gleichzeitig muss bedacht werden, dass trotz des Primats eigenverantwortlichen Handelns Haushalte durch geeignete sozial- und verbraucherpolitische Rahmenbedingungen vor Überforderung geschützt werden müssen.

2

Finanzielle Resilienz für Kinder und Jugendliche

Jacob Risse

Einleitung

»Sprecht mit der Jugend, nicht über sie!«
Jacob Risse

Als Mitherausgeber dieses Buches hatte ich das Privileg, bereits während der Arbeit an diesem Kapitel die Beiträge meiner Koautor:innen lesen zu können. Dieser frühzeitige Einblick erlaubte es mir, die inhaltliche Ausrichtung meines Beitrags gezielt abzustimmen. Dabei wurde schnell deutlich, dass eine eigenständige Definition von »finanzieller Resilienz« in diesem Kapitel entbehrlich ist, da diese im ersten Kapitel bereits umfassend und präzise dargelegt wurde. Ebenso war es nicht erforderlich, eine allgemeine Darstellung der vielfältigen Risiken eines Mangels an finanziellen Abwehrkräften zu formulieren, da Frau Dr. Happel diese Thematik im dritten Kapitel fundiert und differenziert aufgearbeitet hat.

Während des Schreibprozesses für dieses Buch bot sich mir also die Möglichkeit, auf einer soliden wissenschaftlichen Grundlage ein praxisnahes Ratgeberformat zu gestalten. Ziel meines Kapitels ist es, der Frage nachzugehen, wie finanzielle Resilienz bereits in jungen Jahren effektiv gefördert werden kann.

Seit 2013 engagiere ich mich als Mitgründer der Initiative »FunnyMoney« für die Vermittlung finanzieller Bildung an Schülerinnen und Schüler, Studierende sowie Auszubildende. Dieses Engagement ermöglichte es mir, über mehr als eine Dekade hinweg mit mehr als 10.000 jungen Menschen über den verantwortungsvollen Umgang mit ihren Finanzen zu sprechen. Auf Grundlage dieser umfassenden praktischen Erfahrungen lassen sich die im Folgenden präsentierten Empfehlungen als Erkenntnisse einer fortlaufenden Feldstudie betrachten. Diese basiert auf zahlreichen Gesprächen mit Angehörigen der Generationen Y und Z, die im Rahmen meiner Tätigkeit als Dozent geführt wurden. In diesem Kapitel werden diese Erkenntnisse mit dem Ziel einer interpretativen Auswertung in Bezug auf die Stärkung finanzieller Resilienz zusammengeführt und reflektiert.

Um einen möglichst praxisnahen Bezug zu den von mir behandelten Themen herzustellen, werde ich an zahlreichen Stellen auf reale Beispiele zurückgreifen. An dieser Stelle möchte ich daher meinen ausdrücklichen Dank aussprechen: an Helmut Peters für die Bereitstellung des Best-Practice-Beispiels »Kneti« sowie an Prof. Dr. Lars Meyer für das Best-Practice-Beispiel »Bank und Jugend im Dialog«. Ebenso gebührt mein Dank Prof. Dr. Katrin Löhr, Ekaterina Hermann und Alessia Nachtigall, deren tatkräftige Unterstützung maßgeblich dazu beigetragen hat, dass FunnyMoney von einer kleinen Studierenden-Initiative zu dem Unternehmen heranwachsen konnte, das es heute ist.

Im Folgenden werden drei zentrale Empfehlungen vorgestellt, die darauf abzielen, die finanzielle Resilienz junger Menschen zu fördern, um sie auf eine Zukunft vorzubereiten, in der der Umgang mit Geld eine entscheidende Rolle spielen wird. Es handelt sich dabei um Ratschläge, von denen ich mir rückblickend gewünscht hätte, sie bereits vor mehr als zwei Jahrzehnten selbst erhalten zu haben.

2.1 Finanzielle Bildung

Wer die eigene finanzielle Resilienz stärken möchte, muss zunächst ein grundlegendes Bewusstsein dafür entwickeln, dass finanzielle Resilienz existiert und welche Bedeutung sie für die persönliche Lebensgestaltung hat. Ohne ein klares Verständnis der finanziellen Risiken, gegen die es sich abzusichern gilt, bleibt es schwierig, präventive Strategien zu entwickeln, um den vielfältigen Herausforderungen des finanziellen Alltags effektiv zu begegnen.

Der erste Schritt zur Stärkung der finanziellen Resilienz besteht daher in der Analyse dessen, was ich als »Rahmenbedingungen des eigenen Lebens mit Finanzbezug« bezeichnen würde. Dieser Begriff umfasst die Reflexion über die eigenen finanziellen Möglichkeiten und Einschränkungen sowie die Potenziale und Risiken, die aus dem individuellen Umgang mit verfügbaren Ressourcen resultieren. Es geht dabei nicht nur um eine Bestandsaufnahme des aktuellen finanziellen Status, sondern auch um die Fähigkeit, die Dynamiken der eigenen Lebenssituation im Kontext finanzieller Entscheidungen zu verstehen und kritisch zu bewerten. Dieses Verständnis bildet die Grundlage, um gezielt Maßnahmen zu entwickeln, die sowohl kurzfristige als auch langfristige finanzielle Stabilität gewährleisten und somit die Widerstandsfähigkeit gegenüber wirtschaftlichen Unwägbarkeiten erhöhen.

Ein Beispiel für Rahmenbedingungen des eigenen Lebens mit Finanzbezug

Plant ein junger Mensch für das Alter vorzusorgen, sollte er mit der Analyse seiner finanziellen Rahmenbedingungen beginnen. Dazu gehören eine Bestandsaufnahme von Einkommen, Ausgaben und Rücklagen sowie die Reflexion über Möglichkeiten, wie einen langen Anlagehorizont, und Einschränkungen, etwa begrenzte Finanzkenntnisse. Nach der Identifikation von Potenzialen und Risiken entscheidet sich die Person beispielsweise, monatlich einen festen Betrag in einen breit gestreuten ETF-Sparplan zu investieren und gleichzeitig Rücklagen für mögliche finanzielle Notfälle aufzubauen. Diese Strategie berücksichtigt seine aktuelle Lebenssituation, schafft finanzielle Sicherheit und bildet die Basis für eine stabile Altersvorsorge. Eine solche reflektierte Entscheidungsfindung wird wesentlich durch fundierte finanzielle Bildung erleichtert, denn sie befähigt dazu, finanzielle Zusammenhänge zu erkennen, Risiken abzuwägen und geeignete Maßnahmen abzuleiten. Meiner Auffassung nach sollte finanzielle Bildung integraler Bestandteil einer jeden Allgemeinbildung sein und perspektivisch mehr Raum in den schulischen Curricula sowie außerschulischer Bildungsangebote eingeräumt bekommen. Sie legt den Grundstein dafür, dass junge Menschen frühzeitig ein Verständnis für grundlegende wirtschaftliche Zusammenhänge entwickeln und sich in einer zunehmend komplexen Finanzwelt zurechtfinden können. Im Kontext des Beispiels bedeutet dies, dass der junge Mensch zunächst ein Verständnis des deutschen Rentensystems entwickeln muss, um eine fundierte Analyse seiner individuellen Rentenlücke vorzunehmen. Auf dieser Grundlage muss er in eine Lage versetzt werden, in der er geeignete Finanzprodukte identifizieren und auswählen kann, die seiner persönlichen Situation – etwa hinsichtlich verfügbarer finanzieller Mittel, Risikopräferenz und angestrebtem Lebensstandard – entsprechen und eine zielgerichtete Altersvorsorge ermöglichen.

Eine weit verbreitete Fehlannahme besteht darin, dass junge Menschen aufgrund ihrer hohen Affinität zu digitalen Medien und Endgeräten automatisch in der Lage wären, sich sicher und kompetent in einer digitalisierten Finanzwelt zu bewegen. Insbesondere die vielversprechenden Aussagen von Anbietern aus den Bereichen Mobile Payment, Digital Banking, WealthTech, InsurTech und Lending, die darauf abzielen, komplexe Prozesse benutzerfreundlich, transparent und einfach zu gestalten, werden oft als einfache Lösungen für komplexe Probleme angesehen. Dabei wird jedoch häufig übersehen, dass gerade junge Menschen durch aggressives Marketing in Situationen geraten können, die ihre finanziellen Kompetenzen übersteigen. Paradoxerweise führt die zunehmende Digitalisierung von Finanzdienstleistungen dazu, dass diese Zielgruppe heute mehr denn je auf eine solide finanzielle Grundbildung angewiesen ist, um fundierte Entscheidungen treffen und mögliche Risiken angemessen einschätzen zu können.

Tipps zur Vermittlung der Bedeutung finanzieller Bildung

»Selbsterkenntnis ist der erste Schritt zur Besserung« – so soll Sokrates einst gesagt haben. Rund zweieinhalb Jahrtausende später zeigt dieser Ausspruch, dass tiefgreifende Einsichten oft zeitlos gültig bleiben. Im Kontext finanzieller Bildung lässt sich dieser Gedanke ebenfalls anwenden, denn Selbsterkenntnis bildet die Grundlage, um finanzielle Kompetenzen zu entwickeln und nachhaltige Entscheidungen treffen zu können.

Bei jungen Menschen zeigt sich in diesem Feld häufig ein heterogenes Bild: Ihre finanziellen Kenntnisse resultieren oftmals aus einem uneinheitlichen Mix aus elterlichen Ratschlägen, Gesprächen mit Freunden, Informationen aus dem Internet und gelegentlichen Kontakten mit Akteuren der Finanzbranche. Ergänzt wird dieses Bild nicht selten durch einen »Trial-and-Error«-Ansatz, der durch ein ungeplantes Herantasten an Einnahmen und Ausgaben geprägt ist. Natürlich gibt es auch Teilnehmende in meinen Kursen, die bereits in jungen Jahren ein nahezu vollständiges Finanzwissen mitbringen – eine Gruppe, die von einem Ratgeber wie diesem möglicherweise inspiriert wird, ihn jedoch weniger benötigt.

Der erste Schritt, um die Relevanz finanzieller Bildung für junge Menschen zu verdeutlichen, liegt darin, einen direkten Bezug zur Mehrheit ihrer Lebensrealität herzustellen. Ein solcher Bezug schafft die notwendige Grundlage, um theoretische Inhalte mit praktischer Relevanz zu verknüpfen und den Mehrwert finanzieller Bildung greifbar zu machen. In meinen Kursen greife ich dazu gerne auf den folgenden Monolog zurück:

»Der einzige Grund, wieso ich morgen aus meinem warmen Bett aufstehe, ist die Tatsache, dass ich losmuss, um Geld zu verdienen. Und der einzige Grund, wieso ich gestern Abend nicht bis drei Uhr früh Netflix geschaut habe, ist die Tatsache, dass ich schlafen muss, um fit zu sein, um am nächsten Tag aufzustehen, um – Trommelwirbel – Geld zu verdienen. Dieses »Geld« scheint also einen ziemlich großen Einfluss auf die Gestaltung meines Tages zu haben und wenn man da jetzt mal ganz nüchtern drauf schaut, müsste man sich ja schon mal die Frage stellen, was weiß ich eigentlich über dieses Medium, das mich abends schlafen gehen schickt und mich morgens wieder aus dem Bett holt. Und wenn man sich diese Frage nicht mit »so ziemlich alles« beantworten kann, dann hat man sich gerade selbst einen Bedarf an finanzieller Bildung diagnostiziert!«

Diese, wenn auch stilistisch pointierte Darstellung des Einflusses finanzieller Bildung auf das individuelle Leben, dient als effektiver Einstieg in einen Themenkomplex, der aufgrund seiner Bezeichnung häufig als abstrakt oder wenig relevant für die Lebensrealität junger Menschen wahrgenommen wird.

Unabhängig von Schulform, Semester oder Ausbildungsjahr stellt die Strukturierung des eigenen Tagesablaufs einen universellen kleinsten gemeinsamen Nenner dar. Dieser Ansatz ermöglicht es, einen greifbaren Bezug zwischen der individuellen

Lebenswelt und den Einflussfaktoren der Finanzen herzustellen. Dadurch wird die besondere Bedeutung finanzieller Bildung hervorgehoben, indem sie als Schlüssel für das Verständnis und die Bearbeitung sämtlicher Themenkomplexe dient, die sich direkt oder indirekt aus dem Umgang mit Geld ableiten lassen.

Die Vermittlung finanzieller Bildung, die als Fundament der finanziellen Resilienz dient, erfordert zunächst eine klare Antwort auf die zentrale Frage: »Warum sollte man mir zuhören?« oder anders formuliert: »Wie betrifft dieses Thema meine persönliche Lebenssituation?« Für Lehrende bedeutet dies, eine Verbindung zwischen den vermittelten Inhalten und der Lebensrealität der Lernenden herzustellen. Dieses Prinzip lässt sich jedoch ebenso auf die eigene Situation übertragen, indem man sich auf die Suche nach dem individuellen »Warum« begibt. Denn wie in vielen anderen Bereichen des Lebens bildet eine grundlegende Motivation die Voraussetzung dafür, sich mit Themen auseinanderzusetzen, die außerhalb der gewohnten Routinen liegen.

Die objektiven Inhalte der finanziellen Bildung werden dabei subjektiv und individuell interpretiert, wobei die Beweggründe von Person zu Person stark variieren können. Sie reichen von der Angst vor Altersarmut bis hin zur ambitionierten Vision, im Laufe ihres Lebens ein Vermögen von einer Million Euro anzusparen. Ohne eine fundierte finanzielle Bildung bleibt es jedoch den meisten verwehrt, den Prozess der reflektierten Auseinandersetzung mit der eigenen finanziellen Situation zu beginnen. Darauf aufbauend können gezielte Handlungen eingeleitet werden. Finanzielle Kompetenzen sind daher nicht nur Wissen, sondern ein Schlüssel, um aus Motivation Handlungsfähigkeit zu entwickeln.

Finanzielle Bildung zur Stärkung der finanziellen Resilienz

Zusammengefasst ist die Förderung der finanziellen Resilienz junger Menschen nur dann nachhaltig, wenn finanzielle Bildung mit praktischer Relevanz vermittelt und ein Bezug zur individuellen Lebensrealität hergestellt wird.

Lehrende (die hier selbstverständlich auch Eltern miteinschließen) sollten den Mehrwert finanzieller Bildung verdeutlichen, indem sie realitätsnahe Beispiele nutzen und aufzeigen, wie finanzielle Entscheidungen den Alltag prägen. Dabei sollte das, »Warum« hinter der Auseintzung mit Finanzen betont werden, um eine Grundmotivation zu schaffen. Praktische Ansätze, wie die Integration von Finanzthemen in den Alltag, können helfen, die theoretischen Inhalte greifbar zu machen und langfristig Eigenverantwortung, Chancengleichheit und finanzielle Stabilität zu fördern.

2.2 Sparen

Eine der vermutlich am meisten unterschätzten Kompetenzen im Kontext der finanziellen Resilienz ist die Fähigkeit, zielgerichtet Geld zu sparen. Dies liegt unter anderem daran, dass das Sparen in seiner praktischen Umsetzung oft als eine einfache, fast triviale Fähigkeit angesehen wird – nach dem Motto: »Gib einfach weniger aus, als du einnimmst!« Diese vereinfachte Wahrnehmung führt dazu, dass das Sparen häufig im Schatten beliebter Themen der finanziellen Bildung steht, wie etwa der Absicherung finanzieller Risiken oder der strategischen Geldanlage. Dabei bildet die Fähigkeit zu sparen eine grundlegende Voraussetzung für den langfristigen Aufbau finanzieller Stabilität und sollte dementsprechend stärker in den Fokus gerückt werden.

Für junge Menschen stellt das Sparen eine besondere Herausforderung dar, da sie einerseits mit einer Vielzahl akuter Wünsche und potenziellen Sparzielen konfrontiert sind und andererseits finanzielle Einschränkungen bewältigen müssen. Diese reichen typischerweise von fehlenden verfügbaren Mitteln über begrenzte Einkünfte wie Taschengeld oder BAföG bis hin zu einem Ausbildungsgehalt. Diese Rahmenbedingungen erfordern eine gezielte Priorisierung und Planung, um trotz begrenzter Ressourcen Sparstrategien entwickeln und langfristige finanzielle Ziele verfolgen zu können.

Auf dieser Grundlage richtet sich der Fokus dieser Abhandlung nicht primär auf die unbestrittenen Vorteile finanzieller Rücklagen, die zweifellos einen erheblichen Beitrag zur Stärkung der finanziellen Resilienz leisten. Vielmehr liegt der Schwerpunkt auf der Entwicklung und Vermittlung der operativen Fähigkeit des Sparens, die als Grundlage für den nachhaltigen Aufbau finanzieller Stabilität dient.

Tipps zur Festigung einer sparsamen Mentalität

Wie bereits in meiner Darstellung der positiven Auswirkungen eines fundierten Verständnisses finanzieller Bildung, möchte ich auch mein Konzept zur Entwicklung einer sparsamen Mentalität auf einem soliden Fundament aufbauen, das die Bedeutung des Sparens auf individueller Ebene umfassend reflektiert, um so kluge Handlungen durch echtes Verständnis zu fördern.

Zu diesem Zweck werde ich das Themenfeld des Sparens in die drei Teilbereiche »Sparziele«, »Konsum« und »Einkommen« untergliedern. Diese Struktur ermöglicht es, die spezifischen Aspekte jedes Bereichs detailliert zu analysieren und deren jeweilige Potenziale zur Stärkung der finanziellen Resilienz junger Menschen gezielt herauszuarbeiten.

2.2.1 Sparziele

Ein häufig von mir genutzter Hinweis, den ich im Rahmen eines unserer beliebtesten Finanzkurse mit dem Titel »Finanzielle Ziele – Setzen und Erreichen« an junge Menschen richte, lautet:

»Das Wort Sparziel enthält das Wort Ziel, weil es ein Ziel gibt, das wir erreichen möchten. Dieses Ziel müsst ihr benennen können, denn sonst könnt ihr nicht wissen, ob ihr euer Ziel erreicht habt. Aus diesem Grund heißt der 100-Meter-Lauf auch 100-Meter-Lauf, denn würde er nur Lauf heißen, müssten die Athleten laufen, bis sie umfallen, ohne jemals an einem Ziel anzukommen!«

Aufbauend auf der Erkenntnis, dass nur Ziele erreicht werden können, die zuvor klar definiert wurden, werden in den Kursen Finanzziele systematisch mithilfe der SMART-Regel in messbare und überprüfbare Zielsetzungen umgewandelt. Dieser Ansatz ermöglicht es, die Realisierbarkeit der formulierten Ziele von Beginn an kritisch zu bewerten. Insbesondere im Kontext finanzieller Zielsetzungen junger Menschen spielt dieser Prozess eine zentrale Rolle, da gerade diese Zielgruppe häufig durch die idealisierte Darstellung von Lebensstilen und finanziellen Möglichkeiten in den sozialen Medien einer stark verzerrten Vorstellung von dem, was realistisch erreichbar ist, unterliegt.[20]

Mithilfe der **SMART-Regel**, die auf den Managementforscher und Unternehmensberater Peter Drucker zurückgeführt wird, erfolgt eine systematische Überprüfung der Umsetzbarkeit von Zielen anhand des folgenden Schemas:

Spezifisch:	Was möchte ich erreichen?
Messbar:	Woran erkenne ich meinen Erfolg?
Aktivierend:	Wieso möchte ich mein Ziel überhaupt erreichen?
Realistisch:	Wie realistisch ist es, dass ich mein Ziel erreiche?
Terminiert:	Wann soll mein Ziel erreicht werden?

Der Einsatz dieser Methode unterstützt die Kursteilnehmenden nicht nur bei der präzisen Formulierung umsetzbarer Ziele, sondern fördert zugleich das Verständnis dafür, dass finanzielle Zielsetzungen ein nicht zu unterschätzendes Maß an Komplexität aufweisen. Diese Erkenntnis verdeutlicht den Unterschied zwischen der strategischen Planung finanzieller Ziele und der bloßen Äußerung eines Wunsches.

Sobald junge Menschen in der Lage sind, zwischen bloßen Wünschen (»Ich will reich werden!«) und klar definierten Zielen (»Ich beginne ab meinem 18. Geburtstag monatlich 250 Euro am Kapitalmarkt anzulegen, um mit 60 Jahren finanziell unabhängig zu sein, um mir so keine Sorgen mehr um meine finanzielle Sicherheit machen zu müssen«) zu unterscheiden, steigt die Wahrscheinlichkeit, dass sie realistische von unrealistischen finanziellen Zielsetzungen unterscheiden können. Dies führt dazu, dass sie sich erreichbare Ziele stecken, wodurch Rückschläge und Frustrationen vermieden werden, die andernfalls ihre finanzielle Entwicklung negativ beeinflussen könnten.

Dieses Verständnis kann als eine Art Schutzmechanismus betrachtet werden, der es jungen Menschen ermöglicht, Sparziele innerhalb eines realistischen Rahmens zu formulieren. Dies trägt nicht nur dazu bei, Schuldenfallen zu vermeiden, sondern fördert auch langfristig eine höhere finanzielle Zufriedenheit.

Die Fähigkeit, fundierte Sparziele zu setzen und diese auf ihre Umsetzbarkeit zu überprüfen, erhöht die Wahrscheinlichkeit erheblich, diese Ziele tatsächlich zu erreichen. Darüber hinaus schützt sie vor unüberlegten finanziellen Entscheidungen, die häufig zu Problemen wie dem Verlust von Vermögen oder der Entstehung von Schulden führen. Somit stellt diese Kompetenz einen zentralen Aspekt der finanziellen Resilienz dar, der die langfristige Stabilität und Unabhängigkeit der betroffenen Person stärkt.

2.2.2 Konsum

Der effektivste Weg, mehr Geld zu sparen, besteht darin, weniger Geld auszugeben. Was auf den ersten Blick plausibel und einfach erscheint, stellt sich in der Praxis, insbesondere für junge Menschen, als weitaus schwieriger dar als vermutet.

Das moderne Smartphone, das einst mit Slogans wie »Das Wissen der Welt in deiner Hosentasche!« als technologischer Heilsbringer Eingang in unser Leben fand, hat sich im Laufe der Jahre zunehmend zu einer omnipräsenten Werbeplattform entwickelt. Diese »digitale Litfaßsäule«, die uns 24 Stunden am Tag, sieben Tage die Woche begleitet, sammelt und analysiert Daten, um diese in maßgeschneiderte Werbeanzeigen umzusetzen – ein Aspekt, der leider nicht als Warnhinweis auf den mobilen Endgeräten zu finden ist.

Gerade junge Menschen, die als »Digital Natives« in eine Welt hineingeboren wurden, in der sie in vielen Fällen niemals erlebt haben, wie ein Internet aussehen kann, in dem nicht vor, hinter, über und unter jedem Foto der Freund:innen eine Werbeanzeige eingeblendet wird, stehen aufgrund der Normalisierung des exzessiven Konsums vor Problemen, die exklusiv in der Generation Z anzutreffen sind. Möchte man nun also die Kluft zwischen einem durch digitale Medien unnatürlich verstärkten Konsum und der für die finanzielle Resilienz notwendigen sparsamen Mentalität schließen, kommt man nicht umhin, die perfiden Methoden, mit denen das moderne Marketing im digitalen Raum operiert, zu adressieren.

Auch an dieser Stelle möchte ich auf ein Zitat aus einem meiner Finanzseminare zurückgreifen:

»Die klügsten Köpfe unserer Zeit beschäftigen sich heutzutage rund um die Uhr mit der Frage, wie sie uns dazu bringen können, auf noch mehr Werbeanzeigen zu klicken!«

Auch an dieser Stelle sei angemerkt, dass es sich hierbei um eine Zuspitzung handelt, die im Kontext des Themenfeldes »Geld ausgeben« den Zweck erfüllt, junge Menschen auf das Ausmaß des Einflusses der Werbeindustrie auf einen Alltag hinzuweisen, der häufig bereits kurz nach dem Aufstehen mit einem Blick auf das Handy beginnt.

Um das Ausmaß dieses Problems verständlich zu machen, präsentiere ich im Anschluss an mein Eingangsstatement diverse Beispiele mit hohem Wiedererkennungswert aus dem digitalen Alltag. Dabei ist es entscheidend zu betonen, dass die vorgestellten Verhaltens- und verkaufspsychologischen Techniken keineswegs zufällige oder vereinzelte Erscheinungen sind. Vielmehr handelt es sich um gezielt eingesetzte Mechanismen zur Verkaufsförderung, die von Expert:innen entwickelt und unter dem Sammelbegriff »Dark Patterns« zusammengefasst werden. Diese Strategien greifen massiv in die vermeintlich freie Entscheidungsfindung der Nutzer:innen ein.

Zur Verdeutlichung möchte ich an dieser Stelle exemplarisch anhand des Beispiels »Pressure-Selling« ein Dark Pattern vorstellen, die einer ausgezeichneten Auflistung des Bayerischen Staatsministeriums für Umwelt und Verbraucherschutz entnommen wurde.

»Nur noch 3 Angebote«: Pressure-Selling

»Häufig werden Nutzerinnen und Nutzern bei der Online-Suche nach Waren und Dienstleistungen durch Hinweise unter Druck gesetzt, dass ein bestimmtes Angebot zeitlich oder mengenmäßig begrenzt ist und das Angebotsende kurz bevorsteht bzw. ein bestimmtes Kontingent nahezu ausgeschöpft ist (»Pressure Selling«). Diese Hinweise tauchen beispielsweise bei der Suche nach Flügen (»nur noch neun Tickets zu diesem Preis«) oder bei Veranstaltungen (»Konzert fast ausverkauft«) auf. Ein weiteres Beispiel ist die Suche nach Unterkünften: Gerne werden Hinweise eingeblendet, dass sich angeblich zahlreiche weitere Nutzerinnen und Nutzer für genau dieses Angebot interessieren. Die eingeblendeten Hinweise erzeugen bei den Nutzerinnen und Nutzern den Druck, sich sofort für das Angebot entscheiden zu müssen.«[21]

Solche Beispiele ermöglichen es jungen Menschen, zu erkennen, dass die vermeintlich einheitliche Realität im Internet nicht existiert. Jeder Mensch erlebt eine individuell auf ihn zugeschnittene digitale Umgebung, die sich mit der des Sitznachbarn oft nur in einer zentralen Gemeinsamkeit überschneidet: der Intention, Güter und Dienstleistungen zu verkaufen.

Diese Erkenntnis befähigt junge Menschen, deutlich kritischer mit der Flut von Produktangeboten umzugehen, die sie online und offline umgibt. Darauf aufbauend lässt sich ein erweitertes Verständnis der Konsumthematik entwickeln, das sich nicht nur auf die Mechanismen von Dark Patterns im Onlinehandel beschränkt, sondern auch das Influencer-Marketing, die Dauerrabatt-Kultur in Innenstädten und weitere Verkaufsstrategien einbezieht.

Für viele Kursteilnehmende stellt diese Einsicht einen prägenden Moment dar, der ihnen ermöglicht, problematisches Konsumverhalten zu identifizieren und die zugrunde liegenden Auslöser bewusster wahrzunehmen. Ein solcher reflektierter Umgang mit Konsum ist zudem eng mit Nachhaltigkeitskriterien verknüpft, die für viele junge Menschen von wachsender Bedeutung sind. Die Förderung eines kritischeren Konsumverhaltens trägt somit nicht nur dazu bei, unnötige Käufe zu vermeiden und Geld einzusparen, sondern sensibilisiert auch für gängige Konsummuster (»Shoppen ist kein Hobby!« – Jacob Risse).

Im Kontext finanzieller Resilienz liegt der zentrale Beitrag dieser Einsicht jedoch in der Förderung eines bewussteren und sparsameren Umgangs mit der Ressource Geld. Ein tiefergehendes Verständnis von Konsummechanismen stärkt die Fähigkeit, finanziell nachhaltige Entscheidungen zu treffen und langfristig eine stabilere finanzielle Basis aufzubauen.

Tipps zur Förderung eines bewussteren Konsumverhaltens

Um auch an dieser Stelle einen praktischen Mehrwert im Umgang mit dem eigenen Konsum bieten zu können, möchte ich meine gerade im Kontext der Gefahren im modernen Internet mit ein paar Tipps aus meinen Kursen schließen:

- *Adblocker nutzen, um personalisierte Werbung einzuschränken.*
- *Impulseinkäufe aufschieben: 24-Stunden-Regel oder besser noch 7-Tage-Regel einführen (»Schlafen, bevor kaufen«).*
- *Einkaufslisten schreiben und sich daran halten, vor allem bei Onlinekäufen.*
- *Push-Benachrichtigungen von Shopping-Apps deaktivieren.*
- *Preise vergleichen, vor allem bei vermeintlichen Schnäppchen.*
- *Frage Dich: Brauche ich das wirklich? Oder kaufe ich gerade aus einer Laune heraus?*
- *Konsumtagebuch führen, um Muster zu erkennen und das eigene Kaufverhalten zu reflektieren.*
- *Influencer-Inhalte hinterfragen: Ist das Werbung oder echte Empfehlung?*

2.2.3 Einkommen

Der möglicherweise am meisten unterschätzte Aspekt des Sparens (bzw. der Fähigkeit zu sparen) ist meiner Ansicht nach die Entwicklung eines grundlegenden Verständnisses für die zentrale Bedeutung des Einkommens. Die Bedeutung des Einkommens als Teil der Entwicklung finanzieller Resilienz möchte ich aus zwei Perspektiven betrachten: der Generierung von Einkommen und dem Umgang mit dem ersten substanziellen Einkommen.

2.2.3.1 Die Generierung von Einkommen

Im Kontext finanzieller Bildung findet die Fähigkeit, aktiv Geldmittel zu generieren, oft nur geringe Beachtung. Sie wird häufig entweder in Form statischer Durchschnittswerte präsentiert (z. B. »Das durchschnittliche monatliche Bruttogehalt in einer Bäckerei beträgt 3.155 Euro«) oder in eigenständige Karriere-Veranstaltungen ausgelagert.

Dies führt dazu, dass der zentrale Zusammenhang zwischen Einnahmen, Ausgaben und Sparpotenzialen nicht als integrierte Einheit vermittelt wird. Gerade für junge Menschen, die einen überproportional großen Einfluss auf die Verwendung und Steigerung ihrer finanziellen Mittel im Zuge ihrer jungen Karrieren nehmen können, ist es jedoch essenziell, diesen Dreiklang ganzheitlich zu verstehen, um fundierte Entscheidungen für ihre finanzielle Zukunft treffen zu können.

Wer Geld sparen möchte, muss zunächst Geld verdienen. In der finanziellen Bildung liegt der Schwerpunkt jedoch häufig auf der Verwendung, Planung und Allokation bereits verfügbarer Mittel, während die Frage, wie das eigene Einkommen gesteigert werden kann, nur selten thematisiert wird. In vielen Fällen wird also die Annahme eines »linearen Berufslebens« als Grundlage weiterer Planung verwendet.

Die Beschleunigung des wirtschaftlichen Wandels in Deutschland, hervorgerufen durch die Globalisierung (z. B. die Verlagerung von Arbeitsplätzen in kostengünstigere Regionen), Effizienzsteigerungen durch technologische Fortschritte (etwa in den Bereichen künstlicher Intelligenz und Robotik) sowie die allgemeine Transformation hin zu einer digitalen Wissensökonomie (gekennzeichnet durch den Rückgang des produzierenden Gewerbes zugunsten einer ideenbasierten Ökonomie), stellt traditionelle Lebensentwürfe zunehmend in Frage. Der klassische Karriereweg nach dem Modell »Ausbildung bei VW, Karriere bei VW, Ruhestand nach VW« gerät somit verstärkt unter Druck. Dies hat zur Folge, dass insbesondere junge Menschen die Fähigkeit entwickeln müssen, sich in diesem zunehmend anspruchsvollen Arbeitsmarkt sicher zu bewegen. Nur so können sie die Grundlage schaffen, um finanziell resilient, flexibel und mit strategischer Weitsicht ihre finanzielle Zukunft zu gestalten.

Wie bereits bei meinen vorhergehenden Empfehlungen zur Förderung der finanziellen Resilienz junger Menschen, sehe ich auch bei der Generierung von Einkommen den Schlüssel zum Erfolg in der Stärkung individueller Fähigkeiten, um strategisch und angemessen auf finanzielle Herausforderungen reagieren zu können. Dies kann durch die frühzeitige Vermittlung eines Verständnisses für Wertschöpfung und die Förderung unternehmerischen Denkens erreicht werden. Ein solcher Ansatz ermöglicht es jungen Menschen, die Zusammenhänge zwischen ihrer eigenen Arbeitsleistung und der Transformation dieser Leistung in Einkommen auf dem Arbeitsmarkt besser zu verstehen. Dies führt nicht nur zu einem tieferen Verständnis wirtschaftlicher Zusammenhänge in Marktsituationen, sondern hilft ihnen vor allem, den Wert von Arbeitskraft und deren Bedeutung für die individuelle finanzielle Stabilität zu erkennen.

Um eine Grundlage für praktische Handlungsempfehlungen zur Nutzung der Einkommensgenerierung als Bestandteil finanzieller Resilienz zu schaffen, hat Helmut Peters, der Mitherausgeber dieses Buches, mir freundlicherweise ermöglicht, ein herausragendes Praxisbeispiel aus seiner Tätigkeit als Schuldnerberater in Krefeld vorzustellen. Sein Projekt »Kneti« dient hierbei als anschauliches Modell, das ich Ihnen im Folgenden näher erläutern möchte.

Best-Practice-Beispiel Kneti (Verfasst durch Helmut Peters)

Das Pilotprojekt Kneti wurde bei der Diakonie Krefeld & Viersen im Rahmen der Schuldenprävention 2010 entwickelt. 2010/2011 wurde das Pilotprojekt mit 25 Vorschulkindern und der evangelischen Kindertageseinrichtung Märklinstraße in Krefeld umgesetzt. Zielgruppe waren neben den Vorschulkinder auch deren Eltern. Zunächst fand ein Vorgespräch mit der Kita-Leitung statt, in dem das Konzept dargestellt wurde und Fragen zur Projektumsetzung besprochen wurden. Kneti, eine Handpuppe, lief in mehreren Stufen über ein Kindergartenjahr und endete mit einem gemeinsamen Abschluss mit den Kindern, den Eltern und den Erzieherinnen, die das Projekt begleitet und umgesetzt haben.

Hintergrund

Wann und wie lernen Kinder den Umgang mit Geld? Kinder entwickeln früh geldwerte Wünsche. Das Taschengeld bietet den ersten Zugang zu diesem Medium. Aber nicht jedes Kind bekommt Taschengeld und lernt erst (zu) spät, dass Geld endlich ist.

Ziele

Die Ziele des Projekts sind:

- *Werte erkennen und schätzen lernen*
- *Ein Grundverständnis von Geld entwickeln*
- *Den Kreislauf des Geldes kennenlernen*
- *Eltern Anregungen und Unterstützungsangebote bieten.*

Umsetzung

Bei der Projektentwicklung und -umsetzung war uns wichtig, die Eltern, die den Umgang mit Geld vorleben (sollen), mit ins Boot zu holen. Die Erzieherinnen entwickelten kreative Ideen, wie sie die Kinder an das Thema heranführen. Sie sammelten Wünsche, sie gingen mit den Kindern einkaufen, sie veranstalteten einen Trödelmarkt, ein Elterncafé oder einen Basar, bei dem die Kinder etwas herstellten, was sie dann verkauft haben, um so den Kreislauf des Geldes zu erfahren. Die Kinder haben Zutaten eingekauft und selbst gebacken und die Kosten mit gekauften Produkten verglichen. Auch ein Besuch bei einer Bank oder Sparkasse stand auf dem Programm, um die Kinder praktisch mit dem Thema Bargeld und Sparen zu verbinden, das Kennenlernen von z. B. Geldzählmaschinen, Geldautomaten, Anlegen eines Sparbuches, Geld einzahlen.

Mit den Eltern haben wir zu Beginn des Projekts ein moderiertes Elternbistro in Form einer Zukunftswerkstatt gestaltet. Hier ging es darum, die eigenen Erfahrungen im Umgang mit Geld zu reflektieren und Ideen zu entwickeln, wie sie ihre Kinder zum eigenständigen und kritischen Umgang mit Geld erziehen können. Es ging um Geld und Werte in der Familie, um den Umgang mit Wünschen, Geschenke. Wir haben über Taschengeld gesprochen – (ab) wann, wie viel, wofür. Sparen – Energie, Geld.

Zum Abschluss gab es eine Tagesveranstaltung zur Reflexion des Projekts. Am Vormittag haben wir mit den Kindern gearbeitet. Wir haben ihre Erfahrungen reflektiert: Was haben sie erfahren, was war ihnen besonders wichtig, welche Wünsche haben sie für ihre nahe Zukunft. Mittags kamen die Eltern dazu. Auch hier ging es um Erfahrungen aus der Projektreflexion, was haben die Kinder mitgebracht, welche Ideen haben die Eltern entwickelt, um ihre Kinder auf die Zukunft im Umgang mit Geld zu begleiten.

Kneti wurde wissenschaftlich begleitet von der Hochschule Niederrhein, Frau Professorin Dr. Stefanie Bödeker.

Analyse des Praxisbeispiels »Kneti«

Neben den offensichtlichen Vorteilen, die das Projekt »Kneti« in den Bereichen Finanzplanung, finanzielle Bildung und Kommunikation (etwa durch die Förderung des offenen Gesprächs über Geld) bietet, möchte ich an dieser Stelle insbesondere den Aspekt der Einkommensgenerierung hervorheben.

Die erste zentrale Erkenntnis, die die Vorschüler:innen im Rahmen des Projekts gewinnen, besteht darin, dass Wünsche gesammelt und gegeneinander abgewogen werden müssen. Dieser Prozess der Priorisierung hilft den Kindern zu verstehen, dass die Ressource Geld begrenzt ist und daher klug und bedarfsgerecht eingesetzt werden muss.

Im zweiten Schritt wird ein praktischer Bezug hergestellt, indem verdeutlicht wird, dass die Erfüllung von Wünschen erst durch das Verdienen von Geld möglich wird. Zu diesem Zweck entwickeln die Kinder Geschäftsmodelle, die sie dazu anregen, unternehmerisch zu denken und den Zusammenhang zwischen ihrer eigenen Arbeitsleistung, den dadurch erzielten finanziellen Mitteln und den zuvor priorisierten Wünschen herzustellen.

Durch den Einsatz verschiedener Geschäftsmodelle – etwa die Verwertung vorhandener Produkte auf einem Trödelmarkt, die Herstellung neuer Produkte für einen Basar oder das Anbieten von Dienstleistungen in einem Elterncafé – erhalten die Teilnehmenden die Möglichkeit, unterschiedliche wirtschaftliche Tätigkeiten und deren Einkommenspotenziale zu vergleichen. Dieser Vergleich liefert wertvolle Einblicke in die vielfältigen Möglichkeiten der Einkommensgenerierung und schärft ihr Verständnis für die Verbindung zwischen Arbeit, Einkommen und Zielerreichung.

Meiner Auffassung nach ist einer der wichtigsten Bausteine eines finanziell stabilen und somit auch resilienten Lebens die Fähigkeit, Einkommen zu generieren. Diese Fähigkeit ist nicht statisch, sondern muss kontinuierlich über das gesamte Berufsleben hinweg trainiert und weiterentwickelt werden. Die Generationen Y, Z und Alpha stehen einem zunehmend komplexen Arbeitsmarkt gegenüber, der ein hohes Maß an eigenem Engagement und Anpassungsfähigkeit erfordert – eine Herausforderung, der meiner Meinung nach nur durch den Ansatz des »lebenslangen Lernens« erfolgreich begegnet werden kann.

Aus diesem Grund halte ich es für unerlässlich, junge Menschen frühzeitig mit dem Wissen auszustatten, das sie benötigen, um fundierte Entscheidungen in Bezug auf ihre Fähigkeit zur Einkommensgenerierung treffen zu können. Dies kann durch praxisorientierte Ansätze geschehen, wie die kritische Analyse bestehender Geschäftsmodelle, aber auch durch den gezielten Aufbau von Fachwissen, Fähigkeiten und Fertigkeiten, die für eine erfolgreiche Unternehmensgründung oder berufliche Laufbahn essenziell sind.

Besonders hervorzuheben ist die fundamentale Bedeutung des Einkommens für jede Form der finanziellen Zukunftsplanung. Junge Menschen sollten daher früh ein Bewusstsein für die potenziellen Chancen, aber auch die potenziellen Risiken, die mit einem Einkommensverlust einhergehen, entwickeln. Maßnahmen wie die kontinuierliche Erweiterung von Fähigkeiten, regelmäßige Weiterbildungen im aktuellen Beruf, der Aufbau zusätzlicher Einnahmequellen oder strategische Arbeitsplatzwechsel sollten als wesentliche Bestandteile der beruflichen und finanziellen Planung vermittelt werden. Diese Ausstattung befähigt junge Generationen, flexibel auf Veränderungen im Arbeitsmarkt zu reagieren und so gravierende finanzielle Schäden, die aus einem plötzlichen Einkommensverlust resultieren können, effektiv zu vermeiden.

Darüber hinaus halte ich es für essenziell, junge Menschen gezielt durch finanzielle Bildung zu begleiten, während sie ihre ersten Erfahrungen mit dem Erhalt und der Verwendung ihres ersten substanziellen Einkommens machen. Hierauf möchte ich im Folgenden näher eingehen.

2.2.3.2 Umgang mit dem ersten substanziellen Einkommen

Ein zentraler, wenn nicht der kritischste Wendepunkt im finanziellen Leben junger Menschen, ist der erste substanzielle Zahlungseingang, sei es in Form eines Ausbildungsgehalts, Lohns oder BAföG. Falls zuvor keine Geldmittel vorhanden waren oder Taschengeld bezogen wurde, bedeutet dies häufig eine signifikante Vervielfachung der verfügbaren finanziellen Mittel – nicht selten um das Zehnfache[22 23 24]. Diese drastische Veränderung in der Einnahmensituation stellt ein einzigartiges Ereignis dar, das in den meisten Lebensläufen einzigartig bleiben wird. Aufgrund seiner weitreichenden Auswirkungen sollte dieser Übergang daher mit besonderer Aufmerksamkeit begleitet und durch gezielte finanzielle Bildung unterstützt werden.

Die von mir als Fundament der finanziellen Resilienz junger Menschen betrachtete »sparsame Mentalität« wird in diesem Lebensabschnitt entscheidend geprägt, da dieser häufig mit dem Erlangen der vollen Geschäftsfähigkeit und den ersten Schritten in ein eigenständiges Leben verbunden ist.

Ein in der Praxis häufig zu beobachtendes Problem bei der Arbeit mit jungen Menschen, die diesen Lebensabschnitt ohne begleitende finanzielle Bildung durchlaufen haben, ist das Fehlen einer strukturierten Einnahmen- und Ausgabenkalkulation. Dies äußert sich nicht selten in der Anhäufung von Konsumschulden sowie dem Eingehen unverhältnismäßig großer finanzieller Verpflichtungen, wie etwa der Anschaffung von Fahrzeugen, hochpreisigen Mietwohnungen oder kostenintensiven Elektronikgeräten.

Dieser Umstand erscheint wenig überraschend, wenn man berücksichtigt, dass Anbieter von 0 %-Finanzierungen, klassischen Dispokrediten und Buy-now-pay-later-Angeboten ihre Marketingstrategien gezielt auf die junge Zielgruppe ausrichten.[25]

In der Folge sehen sich junge Menschen häufig mit einer komplexen und herausfordernden Situation konfrontiert: Sie müssen ihre ersten Erfahrungen in der eigenständigen Haushaltsführung sammeln, während sie zugleich in der Lage sind, sich Wünsche zu erfüllen, die zuvor unerreichbar schienen. Dieser Prozess wird zusätzlich durch ein breites Angebot an Verschuldungsmöglichkeiten begleitet.

Diese Kombination kann leicht eine Abwärtsspirale auslösen, die von Schulden und Zinszahlungen über wachsende Konsumbedürfnisse bis hin zur Verdrängung der finanziellen Probleme reicht. Im schlimmsten Fall mündet diese Entwicklung bereits in jungen Jahren in der Schuldnerberatung. Doch selbst in weniger drastischen Fällen kann der Umgang mit dem ersten Einkommen dauerhafte Prägungen hinterlassen, die langfristig die finanzielle Resilienz beeinträchtigen.

In dieser Lebensphase treten häufig bedeutende Ereignisse ein: Neben einem möglichen Auszug aus dem Elternhaus oder dem Erwerb des ersten Autos schließen junge Menschen oft ihre ersten Verträge ab und nehmen gegebenenfalls Schulden auf. Gleichzeitig eröffnet das als vergleichsweise hoch wahrgenommene Einkommen neue Freiheiten, die es ermöglichen, größere Anschaffungen zu realisieren, die zuvor unerreichbar schienen. Diese neuen Möglichkeiten werden von jungen Menschen in der Regel als positive Entwicklungen wahrgenommen, was häufig dazu führt, dass der Fokus zunächst auf die Befriedigung von Konsumbedürfnissen gelegt wird.

Dabei gerät jedoch oft in den Hintergrund, dass am Übergang ins Erwachsenenleben auch weitere finanzielle Verantwortlichkeiten auf sie warten. Themen wie Haushaltsplanung, Versicherungen, der Aufbau finanzieller Rücklagen und die mittelfristige Finanzplanung werden häufig als unangenehm, kompliziert oder weniger prioritär empfunden und daher vernachlässigt. Diese Haltung kann langfristig negative Auswirkungen auf die finanzielle Stabilität und Resilienz haben.

Sobald erste negative Entwicklungen im eigenen Ausgabenverhalten sichtbar werden, wird das Thema Finanzen oft schnell zu einem erheblichen Stressfaktor. Diese Dynamik begegnet mir auch Jahrzehnte später in meinen Kursen an der Volkshochschule, wo Aussagen wie »Mit Geld hat man nur Ärger« immer wieder auftauchen. Häufig handelt es sich hierbei um einen Prozess, den ich als »Kesselflicken« bezeichne: Finanzielle Planung erfolgt in einem stark kurzfristig orientierten Rahmen, wobei Probleme lediglich temporär gelöst werden, ohne die zugrunde liegenden Ursachen anzugehen.

Im Gespräch mit Betroffenen zeigt sich oftmals, dass diese Form des finanziellen Missmanagements ihren Ursprung bereits in der Jugend hat. Dieser Zusammenhang unterstreicht die Bedeutung frühzeitiger finanzieller Bildung, um langfristige Strategien für eine stabile finanzielle Basis zu entwickeln.

An dieser Stelle möchte ich betonen, dass mir wohl bewusst ist, dass junge Menschen nicht mit den gleichen Ausgangsvoraussetzungen ins Leben starten. Entsprechend variieren auch die Möglichkeiten, in dieser prägenden Lebensphase von finanzieller Bildung durch das Elternhaus oder das soziale Umfeld begleitet zu werden, erheblich.

Nichtsdestotrotz gehe ich davon aus, dass die Leser:innen dieses Buches nicht zu diesen Zeilen greifen würden, wenn sie nicht entweder bereits in der Lage wären oder die Bereitschaft hätten, sich in die Lage zu versetzen, junge Menschen in ihrem Umfeld zu einer erhöhten Achtsamkeit während dieser wichtigen Lebensphase zu motivieren.

Darüber hinaus möchte ich diese Plattform nutzen, um Schulen, Hochschulen und Ausbildungsbetriebe nachdrücklich dazu aufzurufen, junge Menschen in dieser kritischen Phase mit finanzieller Bildung zu unterstützen. Dies würde nicht nur die finanzielle Resilienz Einzelner stärken, sondern auch einen wertvollen Beitrag zu mehr Chancengleichheit in der Gesellschaft insgesamt leisten.

2.3 Risiken und Chancen

Im dritten und letzten Themenfeld widme ich mich der Vermittlung zweier essenzieller Teilbereiche der finanziellen Bildung: Dem Verständnis finanzieller Risiken und der gezielten Nutzung von Finanzprodukten, um diesen Risiken proaktiv und effektiv vorzubeugen.

Im ersten Teil werde ich mich mit der Frage befassen, wie junge Menschen dabei unterstützt werden können, abstrakte finanzielle Risiken zu verstehen. Dazu zählen unter anderem der Umgang mit potenzieller Altersarmut, das Bewältigen von Liquiditätsengpässen unter Berücksichtigung der jeweiligen Dringlichkeit sowie existenzbedrohende finanzielle Schäden, die durch individuelles Handeln verursacht werden können. Die Darstellung dieser Risiken erfolgt jeweils mit dem Ziel, ein Bewusstsein für ihre Existenz zu schaffen und deren Tragweite verständlich und nachvollziehbar zu vermitteln.

Der zweite Teil widmet sich der Präsentation praxisorientierter Strategien zur Risikominimierung sowie zur Entwicklung eines bewussteren Umgangs mit finanziellen Risiken. Eine ausgewählte Übersicht über die derzeit verfügbaren Optionen im Finanzsektor bildet dabei die Grundlage. Die vorgestellten Produkte, Standards und Methoden werden mit Blick auf ihre Wirksamkeit zur Lösung der Herausforderungen junger Menschen bewertet und dabei stets in den Kontext der Förderung finanzieller Resilienz eingebettet.

2.3.1 Finanzielle Risiken

2.3.1.1 Unzureichende Altersvorsorge

Das vermutlich größte Risiko, dem junge Menschen derzeit ausgesetzt sind, ist meiner Ansicht nach der mangelhaft strukturierte Umgang mit Altersvorsorge. Dieses Risiko ergibt sich aus einer Kombination verschiedener Problembereiche, die in ihrer Gesamtheit das Potenzial haben, langfristig in Altersarmut zu münden, sofern ihnen nicht frühzeitig und gezielt begegnet wird.

Bei objektiver Betrachtung ergibt sich das Risiko aus einem Generationenvertrag, dem durch den demografischen Wandel zunehmend eine ausreichend große arbeitende und damit einzahlende Bevölkerung fehlt. Gleichzeitig befinden wir uns bereits in einer Phase des Übergangs in ein Rentenzeitalter, das vor allem durch den Eintritt der geburtenstarken Jahrgänge in den Ruhestand geprägt ist.

Eine düstere Vorahnung für den politischen Umgang mit dieser Herausforderung ließ sich bereits am gescheiterten Rentenpaket 2 der rot-gelb-grünen Bundesregierung erkennen. Der vom Arbeits- und Finanzministerium entwickelte Reformvorschlag sah vor, die offen zutage tretenden Defizite in der Rentenfinanzierung vor allem durch eine erhöhte finanzielle Belastung der jüngeren Generation auszugleichen. Die Generationen Y, Z und Alpha sowie alle nachfolgenden Generationen sehen sich in Bezug auf ihre finanzielle Absicherung im Alter mit einer vielschichtigen und herausfordernden Situation konfrontiert. Einerseits werden sie aufgrund der steigenden Kosten des Rentensystems künftig einer höheren finanziellen Belastung ausgesetzt sein, was eine Verknappung der verfügbaren finanziellen Mittel zur Folge haben wird. Andererseits erfordert der Umgang mit den verbleibenden Sparraten nicht nur einen strategisch sinnvollen Einsatz dieser Mittel, sondern auch ein fundiertes Verständnis der Möglichkeiten moderner Geldanlagen (»Wie sorge ich selbst für mein Alter vor?« – ein zentraler Aspekt der finanziellen Bildung). Hinzu kommt die Notwendigkeit, ein hohes Maß an Eigeninitiative zu entwickeln, um die Bedeutung der individuellen Altersvorsorge (»Wieso muss ich für mein Alter vorsorgen?« – ebenfalls ein Kernbereich der finanziellen Bildung) zu erkennen und entsprechend aktiv zu werden.

Wie an dieser Stelle bereits deutlich wird, ist ein bewusster Umgang mit einem der wahrscheinlich gravierendsten finanziellen Risiken – der unzureichenden Absicherung im Alter – ohne ein fundiertes Verständnis der gegenwärtig vorherrschenden Rahmenbedingungen kaum möglich. Dies verdeutlicht einmal mehr die zentrale Bedeutung finanzieller Bildung als unverzichtbare Grundlage für eine nachhaltige und zukunftsorientierte Vorsorgeplanung.

An dieser Stelle möchte ich betonen, dass dies nicht als Plädoyer gegen das staatliche Rentensystem verstanden werden sollte. Auch ich würde es begrüßen, wenn die Rente, wie ich sie bei meinen Großeltern erlebt habe, auch für meine und nachfolgende Generationen eine verlässliche Absicherungsoption darstellen könnte. Allerdings wecken eine nüchterne Betrachtung der aktuellen Rahmenbedingungen – wie die steigende Bezuschussung aus dem Bundeshaushalt, die demografische Entwicklung in Deutschland und der Anstieg der durchschnittlichen Lebenserwartung – in Verbindung mit einem zögerlichen Umgang mit der Anhebung des Renteneintrittsalters entsprechende Vorbehalte.

Als Referent, der regelmäßig mit jungen Menschen über einen strategischen und zukunftsorientierten Umgang mit ihren Finanzen spricht, sehe ich es als meine Verantwortung an, über die aktuelle finanzielle und gesellschaftliche Situation aufzuklären. Nur so können junge Menschen auf einer faktenbasierten Grundlage ihr eigenes Urteil bilden. Besonders im Hinblick auf den Vermögensaufbau gilt: Je früher man damit beginnt, desto größer ist das finanzielle Polster, das bis zum Renteneintritt aufgebaut werden kann. Oder, um an dieser Stelle meine eigene Aussage zu zitieren:

»Nehmen wir mal an, ich liege mit allem falsch! Die Leute werden zukünftig nicht 100 Jahre alt, das Renteneintrittsalter wird auf 80 angehoben, der Staat erzielt auf wundersame Weise massive Mehreinnahmen, und die fehlenden Einzahler in die Kassen fallen einfach vom Himmel. Was ist das Schlimmste, das euch in diesem Fall passieren kann? Genau – absoluter Worst-Case wäre, die Rente ist tatsächlich sicher, und ihr habt parallel dazu ein eigenes kleines Vermögen aufgebaut, mit dem ihr euch einen schönen, verdienten Urlaub leisten könnt … mit 81.«

Diese bewusst pointierte Darstellung der Notwendigkeit privater Vorsorge dient in erster Linie dazu, jungen Menschen die Bedeutung von Eigeninitiative im Bereich der Altersvorsorge unmissverständlich vor Augen zu führen. Im Kontext finanzieller Resilienz ist an dieser Stelle mit Nachdruck darauf hinzuweisen, dass eine drohende Altersarmut, die zu spät erkannt wird, weil man sich zu lange ausschließlich auf die staatliche Rente verlassen hatte, eines der größten finanziellen Risiken darstellt, die einen Menschen im Laufe seines Lebens treffen können. Wer erst im Alter von 60 Jahren feststellt, dass die Rente laut Rentenbescheid nicht ausreicht, um den Alltag finanziell zu bewältigen, befindet sich in einer Situation, in der nur noch sehr begrenzter Einfluss auf das eigene finanzielle Schicksal genommen werden kann.

Auch an dieser Stelle wird deutlich, dass finanzielle Bildung ein zentraler Faktor zur Förderung finanzieller Resilienz ist. Nur wer versteht, warum eine frühzeitige Altersvorsorge notwendig ist, kann rechtzeitig die richtigen Weichen stellen, um sich im weiteren Verlauf des Lebens vor existenziellen finanziellen Risiken zu schützen. Die Vermittlung solcher Informationen ist eine Verantwortung, die wir gegenüber der nächsten Generation tragen.

Tipps zum Umgang mit und der Vermittlung der Altersvorsorge

Angesichts der Vermittlung dieses zweifellos komplexen Themas, das durch seinen zeitlichen Versatz (mit 20 Jahren ist es nahezu unmöglich, sich das Leben mit 70 vorzustellen) sowie die Vielzahl an Einflussfaktoren, ein hohes Maß an Abstraktheit aufweist, empfehle ich aus Erfahrung, die sachlogischen Zusammenhänge schrittweise und in logischer Reihenfolge aufzubereiten. Dies erleichtert den Zugang und ermöglicht ein besseres Verständnis der Thematik, indem komplexe Inhalte in nachvollziehbare Einzelschritte zerlegt werden.

Hierbei ist es empfehlenswert, die einzelnen Problembereiche isoliert darzustellen und die entsprechenden Zusammenhänge gemeinsam mit den Lernenden zu diskutieren.

Ein möglicher Aufbau könnte wie folgt gestaltet werden:

1. ***Wie funktioniert eigentlich das deutsche Rentensystem?***
   - *Einführung in das Umlageverfahren und den Generationenvertrag. Erklärung der grundlegenden Mechanismen des deutschen Rentensystems.*

2. ***Wie ist es um die Demografie in unserem Land bestellt?***
   - *Analyse der Alterspyramide und ihre Auswirkungen auf den Generationenvertrag.*
   - *Diskussion der Grenzen des Umlageverfahrens und der zunehmenden Bezuschussung der Rentenkasse durch den Bund.*

3. ***Was ist eine Rentenlücke?***
   - *Darstellung aktueller Prognosen des Rentenniveaus.*
   - *Reflexion über die Frage, ob und wie der gewünschte Lebensstandard im Ruhestand gehalten werden kann.*

4. ***Wie kann man die eigene Rentenlücke schließen?***
   - *Vorstellung von Möglichkeiten der privaten Altersvorsorge (z. B. Riester-Rente, betriebliche Altersvorsorge, ETF-Sparpläne).*
   - *Vergleich mit Rentensystemen anderer Länder und Hervorhebung des Werts eines langen Anlagezeithorizonts.*

5. ***Worauf muss man achten, wenn man Geld über Jahrzehnte spart?***
   - *Einführung in das Konzept der Inflation und welche Folgen sie für die Kaufkraft hat.*
   - *Identifikation von alltäglichen Beispielen für die Inflation und ihre Relevanz für die langfristige Vermögensbildung.*

6. ***Wie hängen Vermögensbildung und Inflation zusammen?***
   - *Vermittlung des Unterschieds zwischen einer negativen und einer positiven realen Verzinsung.*
   - *Diskussion von Anlagestrategien, die den Kaufkraftverlust durch Inflation ausgleichen können.*

*7. **So nimmst Du Deine Altersvorsorge selbst in die Hand!***

- *Aufbauend auf dem Verständnis der Notwendigkeit individueller Vorsorge, der Herausforderungen der jungen Generationen und den Möglichkeiten der Vermögensbildung.*
- *Anleitung zur Auswahl der richtigen Optionen für eine ergänzende private Altersvorsorge.*

Dieser Ansatz bietet einen klar strukturierten Leitfaden, der sowohl die theoretischen Grundlagen als auch die praktischen Handlungsmöglichkeiten zur Altersvorsorge aufzeigt.

Folgt man einem solchen Schema, in dem die zugrunde liegenden Probleme sukzessive gemeinsam mit jungen Menschen erörtert werden, lassen sich notwendige Handlungsschritte deutlich leichter vermitteln. Entscheidend ist dabei, die Zusammenhänge klar und transparent darzustellen, um jeden einzelnen Schritt detailliert und nachvollziehbar zu erläutern.

In der Konsequenz fokussiert sich auch dieses Konzept auf die ergänzende private Altersvorsorge durch die Nutzung passiv gemanagter, breit diversifizierter und kostengünstiger Fondssparpläne (ETFs). Die logisch stringente Herleitung der Notwendigkeit dieser Maßnahmen führt jedoch zu einer deutlich höheren Akzeptanz, da ein fundiertes Verständnis der Zusammenhänge wesentlich dazu beiträgt, die Relevanz der empfohlenen Handlungen zu erkennen. Im Gegensatz dazu wird eine bloße Anweisung ohne vorangehende Erklärung häufig als weniger bedeutsam wahrgenommen und entsprechend seltener umgesetzt.

Der Zusammenhang zum Themenfeld der finanziellen Resilienz erscheint an dieser Stelle nahezu selbsterklärend, da der Aufbau einer privaten Altersvorsorge als eine der wirkungsvollsten Maßnahmen zur Vermeidung potenzieller Altersarmut gilt und hoffentlich unisono als einer der zentralen Abwehrmechanismen im Bereich der persönlichen Finanzen anerkannt wird.

2.3.1.2 Finanzielle Notfälle

An dieser Stelle möchte ich kurz auf das Konzept der »Finanziellen Notfälle« eingehen, das im Folgenden eine Abgrenzung zu den existenzbedrohenden finanziellen Risiken ermöglichen wird.

Typische »finanzielle Notfälle« umfassen beispielsweise Stromnachzahlungen, Reparaturen an wichtigen Haushaltsgeräten wie Waschmaschinen oder Schäden am Auto, das für den Arbeitsweg benötigt wird. Obwohl es sich dabei um vergleichsweise kleinere Ausgaben handelt (insbesondere im Vergleich zu den später behandelten finanziellen Risiken), können sie bei fehlender finanzieller Vorbereitung erhebliche Auswirkungen auf die Lebenssituation junger Menschen haben. Solche Zahlungen werden häufig durch Dispokredite beglichen, was jedoch eine fortlaufende Verknappung der verfügbaren finanziellen Mittel nach sich ziehen und letztlich zu einer Verschuldungsspirale führen kann. Daher sollten solche Ausgaben idealerweise aus der »Eisernen Reserve« gedeckt werden, um das Risiko einer Verschuldung nachhaltig zu minimieren.

Der Aufbau einer »Eisernen Reserve« ist ein essenzieller Bestandteil der finanziellen Resilienz. Daher sollte das erste zentrale Sparziel jeder jungen Person der Aufbau einer Liquiditätsreserve in Höhe von drei Netto-Monatsgehältern sein. Dieser Notgroschen fungiert als finanzieller Puffer, um unvorhergesehene Ausgaben kurzfristig bewältigen zu können und somit die Stabilität des alltäglichen Lebens zu sichern.

Die Leitlinie hierfür lautet: »In den fetten Jahren solltest du für die mageren Jahre vorsorgen.«

2.3.1.3 Existenzbedrohende finanzielle Risiken

Wie der Begriff »existenzbedrohende finanzielle Risiken« bereits andeutet, widmet sich dieses Unterkapitel Schadensfällen, die die finanziellen Möglichkeiten junger Menschen und vieler weiterer Personen in Deutschland deutlich übersteigen. Im Fokus steht dabei ein bewusster und verantwortungsvoller Umgang mit dem Thema Versicherungen sowie deren Bedeutung für die Absicherung und Stabilität im Leben junger Menschen.

Zu Beginn möchte ich das Betrachtungsfeld klar eingrenzen, da das Themenfeld der Versicherungen nicht nur äußerst komplex ist, sondern die individuellen Bedarfe stark von der jeweiligen Person und ihrer spezifischen Lebenssituation abhängen. Aus diesem Grund werde ich mich in diesem Abschnitt ausschließlich auf die existenzielle Notwendigkeit einer privaten Haftpflichtversicherung sowie die grundlegende Bedeutung der Berufsunfähigkeitsversicherung im Kontext der finanziellen Resilienz konzentrieren.

Selbstverständlich können auch im jungen Alter spezifische Versicherungsbedarfe entstehen, die sich aus der individuellen Freizeitgestaltung oder Lebensführung ergeben. Beispielsweise sollten Hundehalter:innen eine Tierhalterhaftpflicht abschließen, und Personen, die in ihrer Freizeit Drohnen nutzen, sollten eine entsprechende Versicherung in Betracht ziehen. Da es sich hierbei jedoch um Einzelfallbetrachtungen handelt, richtet sich mein Appell an die Leser:innen, zu prüfen, wie gut ihre individuelle Lebenssituation abgesichert ist. Insbesondere sollte geprüft werden, ob sowohl die eigene Person als auch das unmittelbare Umfeld ausreichend gegen potenzielle Risiken abgesichert ist.

Im Gegensatz dazu lässt sich bei der Haftpflichtversicherung und der Berufsunfähigkeitsversicherung ein universeller Bedarf feststellen, der für junge Menschen allgemeingültig ist. Aus diesem Grund möchte ich an dieser Stelle explizit auf die Bedeutung beider Versicherungen eingehen.

Haftpflichtversicherung

»Mit einer Privathaftpflichtversicherung sind Sie vor Schadensersatzansprüchen geschützt, die sich für Sie als Privatperson aus den Gefahren des täglichen Lebens ergeben können. Auch wenn die Haftpflichtversicherung freiwillig ist, ist sie für jeden sinnvoll. Schon durch ein kleines Missgeschick kann großer Schaden angerichtet werden, für den der Schädiger prinzipiell unbeschränkt mit seinem gesamten Vermögen haftet.«[26]

Gerade zu Beginn eines finanziell eigenständigen Lebens, aber auch in späteren Phasen, können bereits kleine Schäden erhebliche Auswirkungen auf die eigene Lebensführung haben. Häufig ist das verfügbare Budget vollständig verplant, und falls finanzielle Spielräume existieren, sind diese in der Regel sehr begrenzt. Daher ist es umso wichtiger, sich frühzeitig mit finanziellen Risiken auseinanderzusetzen, um ein Bewusstsein für potenzielle Gefahren zu entwickeln und sich entsprechend vorzubereiten.

Letzteres stellt insbesondere für junge Menschen eine besondere Herausforderung dar, da sie häufig aus der Haftungssicherheit ihres Elternhauses in eine Welt eintreten, in der nicht nur finanzielle Risiken in Form von Haftung entstehen können, sondern in der auch das potenzielle Ausmaß solcher Risiken oft erheblich unterschätzt wird.

In meinen Seminaren greife ich häufig auf ein Beispiel aus der Süddeutschen Zeitung zurück[27], in dem der Protagonist durch fahrlässiges Verhalten einen Fahrradunfall verursacht, der einen Schaden in Millionenhöhe zur Folge hat. Im Anschluss frage ich die Jugendlichen, wer ihrer Meinung nach für den entstandenen Schaden aufkommen muss. Dieser Moment offenbart oft das Ausmaß der bestehenden Wissenslücke.

Die Antworten reichen von »Der Staat« über »Die Krankenversicherung des Geschädigten« bis hin zu »Niemand, es war doch ein Unfall«. Die tatsächliche Antwort, nämlich »Ich, da ich den Unfall verursacht habe«, bleibt dabei meist völlig unberücksichtigt. Dies zeigt, dass viele Jugendliche – und an dieser Stelle gebe ich ihnen durchaus Recht – die Vorstellung, ein so hoher Schaden könnte auf eine Privatperson abgewälzt werden, als vollkommen unrealistisch empfinden. Sie gehen häufig davon aus, dass in Deutschland eine umfassende Pflichtabsicherung gegen alle wesentlichen Risiken existiert. Dieses Beispiel verdeutlicht jedoch, dass diese Annahme nicht zutrifft und wie dringend notwendig ein fundiertes Verständnis über die Haftung und die Bedeutung der privaten Haftpflichtversicherung ist. Dieser Moment stellt oft einen bedeutenden Aha-Effekt dar, der so eindrücklich ist, dass manche Teilnehmende noch in der Pause ihre Eltern anrufen, um herauszufinden, ob sie aktuell über deren Haftpflichtversicherung mitversichert sind. Leider erhalten nicht alle jungen Menschen während ihrer Schulzeit, ihres Studiums oder ihrer Ausbildung Zugang zu finanzieller Bildung. Dies führt oft dazu, dass sie unvorbereitet in Situationen geraten, in denen sie bei einem schuldhaft verursachten Schadenfall uneingeschränkt haften müssen. Im schlimmsten Fall werden sie für Schadenssummen verantwortlich gemacht, die ihre finanziellen Möglichkeiten bei Weitem übersteigen. Solche Szenarien können dazu führen, dass junge Menschen alles verlieren und mit hoher Wahrscheinlichkeit, durch langjährige Lohnpfändungen Schwierigkeiten haben, wieder in einen Zustand geordneter Finanzen zurückzukehren.

Aus diesem Grund betrachte ich die private Haftpflichtversicherung und den von ihr gewährten Schutz vor existenzbedrohenden finanziellen Risiken nicht nur als essenziell für ein finanziell resilientes Leben, sondern halte auch die Vermittlung dieses Umstands für von größter Bedeutung. Es ist für mich bis heute unverständlich, dass die private Haftpflichtversicherung in Deutschland lediglich eine freiwillige Absicherung darstellt, obwohl jede Person allein durch ihre Existenz und Teilnahme am gesellschaftlichen Leben unweigerlich in Situationen geraten kann, in denen solche Risiken entstehen. Gleichzeitig fehlt es an einer ausreichenden Aufklärung, die insbesondere junge Menschen für die finanziellen Gefahren des Alltags sensibilisiert und ihnen die Bedeutung einer solchen Absicherung verdeutlicht.

Tipp für die Vermittlung der Bedeutung einer Haftpflichtversicherung:

Das zentrale Problem bei der Vermittlung der Bedeutung einer Haftpflichtversicherung liegt in der weit verbreiteten Annahme, dass man selbst wahrscheinlich nie in eine solche Situation geraten wird – schließlich ist man doch vorsichtig und handelt überlegt.

Dieser Denkfehler wird in der Psychologie als Optimismus-Bias (oder unrealistischer Optimismus) bezeichnet. Er beschreibt eine kognitive Verzerrung, bei der Menschen ihre eigene Anfälligkeit für Risiken systematisch unterschätzen, während sie die Wahrscheinlichkeit, dass andere betroffen sind, deutlich realistischer einschätzen.

An dieser Stelle sollte selbstverständlich erwähnt werden, dass nur ein vergleichsweise kleiner Teil der Menschen jemals in einen Fahrradunfall verwickelt war, noch weniger in einer solchen Situation schuldhaft gehandelt haben und lediglich ein verschwindend geringer Anteil weder über eine Haftpflichtversicherung verfügte noch tatsächlich mit einer Schadenersatzforderung in Millionenhöhe konfrontiert wurde.

Natürlich sollte stets betont werden, dass niemand solch eine Situation vollständig ausschließen kann. Sollte man dennoch in eine derartige Lage geraten, könnte dies das Ende der eigenen finanziellen Stabilität bedeuten und langfristig schwerwiegende Konsequenzen für das gesamte finanzielle Leben nach sich ziehen.

Dennoch ist es äußerst hilfreich, einen offenen Dialog mit jungen Menschen über bekannte Schadensfälle zu führen. Eine einfache Frage wie »Kennt ihr jemanden, der schon einmal einen Schaden hatte, der von einer Versicherung übernommen wurde?« erzielt dabei häufig eine hohe Trefferquote, insbesondere im Hinblick auf Haftpflichtschäden. Im Verlauf solcher Diskussionen wird den Teilnehmenden oft bewusst, dass zahlreiche Schadensfälle, die sie zunächst nicht mit einer Haftpflichtversicherung in Verbindung gebracht hätten, tatsächlich einen direkten Bezug zu ihrem alltäglichen Leben aufweisen. Solche Gespräche fördern ein tieferes Verständnis für die Bedeutung dieser Absicherung und erhöhen die Relevanz für ihre eigene Lebensrealität.

Vom Kollegen, der den eigenen Laptop hat fallen lassen, über die Mitbewohnerin, die den Schlüssel für das Mehrfamilienhaus verloren hat, bis hin zum Vater, der beim Ausparken ein Straßenschild beschädigt hat – all diese Beispiele verdeutlichen typische Schadensfälle, die im Alltag auftreten können. Bei genauerer Betrachtung zeigt sich ein klarer gemeinsamer Nenner: Auch wenn es in manchen Fällen finanziell machbar wäre, möchte niemand für solche Schäden aus eigener Tasche aufkommen. Dies unterstreicht die Bedeutung einer privaten Haftpflichtversicherung als Schutzmechanismus vor finanziellen Belastungen, die selbst bei vergleichsweise kleinen Vorfällen erheblich sein können.

Häufig ist es genau diese Einsicht – die Erkenntnis, dass man sich für einen geringen einstelligen Eurobetrag im Monat gegen ein rein hypothetisches Risiko absichern kann und gleichzeitig in der Lage ist, ein gravierendes und potenziell existenzbedrohendes Risiko zu bewältigen –, die selbst junge Menschen, die sich in ihrer Wahrnehmung oft als unverwundbar betrachten, dazu bewegt, diesen entscheidenden Schritt im Rahmen ihres finanziellen Erwachsenwerdens zu gehen. Dieser Moment des Verstehens überwindet den Optimismus-Bias, der viele dazu verleitet, Risiken zu unterschätzen, und zeigt die Bedeutung einer soliden Absicherung auf.

Berufsunfähigkeitsversicherung

»Wer in seinem Beruf nicht mehr arbeiten kann, steht möglicherweise schnell vor großen finanziellen Schwierigkeiten. Die Berufsunfähigkeitsversicherung springt ein und schließt die Versorgungslücke, wenn das Einkommen aus gesundheitlichen Gründen dauerhaft ausfällt.«[28]

Heutzutage stehen wir einer Generation gegenüber, die nicht nur durch die prägenden Erfahrungen der Pandemiejahre nachhaltig beeinflusst wurde, sondern auch Teil einer tiefgreifenden gesellschaftlichen Veränderung – ein Phänomen, das oft fast verharmlosend unter dem Begriff »Generation Smartphone« zusammengefasst wird und unser tägliches Leben maßgeblich geprägt hat.

Im Kontext der Berufsunfähigkeit möchte ich an dieser Stelle nicht einfach die gängigen Informationsmaterialien großer Versicherungsunternehmen zitieren und mit Zahlen belegen, dass beispielsweise die Wahrscheinlichkeit, dass eine

20-jährige Frau im Laufe ihres Lebens berufsunfähig wird, bei 38 %[29] liegt. Stattdessen möchte ich den Fokus auf das zuvor erwähnte Problem richten: Den Einfluss eines übermäßigen Medienkonsums, insbesondere durch soziale Netzwerke. Dieses Thema findet in meiner Arbeit mit jungen Menschen große Resonanz, da die von mir identifizierten Herausforderungen in diesem Bereich eng mit ihrer Lebensrealität verbunden sind und ihre Wahrnehmung von Risiken wie der Berufsunfähigkeit entscheidend beeinflussen können.

Der gut gemeinte Ratschlag, eine Berufsunfähigkeitsversicherung bereits in jungen Jahren abzuschließen – zu einem Zeitpunkt, an dem die Policen noch günstig sind und somit ein vorteilhafter Tarif für die gesamte Berufslaufbahn gesichert werden kann –, wird häufig entgegnet, dass der eigene Beruf auch unter widrigen Umständen, beispielsweise nur mit einem Finger und einer Tastatur, weiterhin ausgeübt werden könne. Diese Haltung impliziert, dass eine solche Absicherung überflüssig sei, da viele moderne Berufe aufgrund ihrer vergleichsweise geringen physischen Anforderungen auch nach schweren Verletzungen oder Beeinträchtigungen weiterhin ausgeübt werden könnten.

Dabei wird oft übersehen, dass der Zustand der Berufsunfähigkeit im modernen Arbeitsleben mittlerweile überwiegend nicht mehr durch physische, sondern vor allem durch psychische Erkrankungen verursacht wird.

Laut einer von Statista erhobenen Studie waren im Jahr 2023 Nervenerkrankungen mit etwa 34,5 % die häufigste Ursache für Berufsunfähigkeit in Deutschland.[30] Ein Umstand, der bereits für sich genommen äußerst besorgniserregend ist. Betrachtet man jedoch diese Zahlen im Kontext einer Welt, die durch das »höher, schneller, weiter« der sozialen Medien geprägt ist und überwiegend auf einem 6-Zoll-Display wahrgenommen wird, liegt die Vermutung nahe, dass sich dieser Trend künftig eher verstärken wird.

Dieser alarmierende Trend wurde kürzlich durch eine Studie des BARMER-Instituts für Gesundheitssystemforschung (bifg) aus dem Jahr 2024 bestätigt. Laut dieser Studie stieg die Anzahl junger Menschen im Alter zwischen fünf und 24 Jahren, bei denen eine depressive Episode diagnostiziert wurde, im Zeitraum von 2018 bis 2023 um nahezu 30 % an.[31]

Eine Entwicklung, die auch ich im Rahmen meiner Arbeit mit jungen Menschen zunehmend wahrnehme. Viele von ihnen stehen unter dem Druck, unrealistisch hohe Erwartungen erfüllen zu müssen, die durch Influencer und soziale Medien geprägt werden. Diese Plattformen vermitteln oft den Eindruck, dass Erfolg ausschließlich von der eigenen Leistung abhängt und ein Scheitern darauf zurückzuführen sei, nicht genug getan zu haben, um in die Welt der Schönen und Reichen aufzusteigen. Die ständige Konfrontation mit idealisierten Bildern von Traumurlauben, Schönheitsstandards und Luxusgütern übt dabei einen enormen psychischen Druck aus, der die Lebensrealität junger Menschen stark belastet.[32]

Hinzu kommt, dass die relativierende und moderierende Rolle, die eigentlich vom Elternhaus oder der Schule übernommen werden könnte, in vielen Fällen ausbleibt. Häufig wird das Smartphone nach wie vor als harmloser Gegenstand betrachtet, der lediglich dazu dient, mit Freund:innen zu kommunizieren. Diese Fehleinschätzung verkennt jedoch die tiefgreifenden Auswirkungen, die soziale Medien auf das Selbstbild und die mentale Gesundheit junger Menschen haben können.

An dieser Stelle möchte ich erneut die stetig wachsende Bedeutung der Medienkompetenz betonen, die meiner Ansicht nach mindestens ebenso wichtig ist wie die Finanzkompetenz. Beide Kompetenzen sind essenziell, um jungen Menschen das notwendige Rüstzeug für einen reflektierten, verantwortungsvollen und selbstbestimmten Umgang mit den Herausforderungen der modernen Welt zu vermitteln.

Diese Herleitung, die meinen Leser:innen hoffentlich neue Perspektiven eröffnet hat, sollte drei zentrale Punkte verdeutlichen:

> 1. Zahlreiche Studien legen einen Zusammenhang nahe, dass die intensive Nutzung sozialer Medien das Risiko psychischer Erkrankungen erhöht – eine der häufigsten Ursachen für Berufsunfähigkeit.
>
> 2. Angesichts der vorliegenden Zahlen sollte deutlich werden, dass es selbst in physisch weniger belastenden Berufen sinnvoll ist, eine Berufsunfähigkeitsversicherung abzuschließen. Dies liegt daran, dass sich die Ursachen für Berufsunfähigkeit – ebenso wie die Welt, in der wir leben – kontinuierlich verändert haben und zunehmend durch psychische Belastungen geprägt sind.
>
> 3. Insbesondere für junge Menschen, die häufig ungefiltert einem hohen Maß an negativen Einflüssen aus der digitalen Welt ausgesetzt sind, ist es ratsam, so früh wie möglich eine Berufsunfähigkeitsversicherung abzuschließen. Zum einen profitieren sie in jungen Jahren von besonders günstigen Policen, zum anderen sind sie einem überproportional hohen Risiko ausgesetzt, im Laufe ihres Lebens mit einer Nervenerkrankung diagnostiziert zu werden. Sollte ein solcher Zustand eintreten, besteht die Gefahr, dass kein Versicherer mehr bereit ist, die betroffene Person im weiteren Verlauf ihres Berufslebens gegen Berufsunfähigkeit zu versichern.

Tipps für die Vermittlung der Bedeutung einer Berufsunfähigkeitsversicherung:

Grundsätzlich ist es in diesem Zusammenhang sinnvoll, einen Bezug zu den zugrunde liegenden Zahlungen herzustellen. In meinen Seminaren formuliere ich dies oft wie folgt:

»Schließt der junge Jacob eine Berufsunfähigkeitsversicherung ab, tut er dies auf dem Höhepunkt seiner Gesundheit. Würde man ihn medizinisch prüfen, wären die Ergebnisse vermutlich beeindruckend. Dieser günstige Gesundheitszustand ermöglicht ihm, einen Vertrag für lediglich 50 Euro im Monat abzuschließen. Würde ich hingegen heute, mit 38 Jahren, zu einem Versicherer gehen, stünden diesem 38 gelebte Jahre gegenüber – mit all den Erfahrungen wie Feiern, Rauchen und gebrochenen Beinen durch das Skateboardfahren. Das Risiko für den Versicherer ist somit deutlich gestiegen, was sich in monatlichen Kosten von wahrscheinlich 400 Euro widerspiegeln würde.«

Diese Zahl klingt – nicht nur für junge Menschen – astronomisch hoch. Und sollte zuvor das Risiko, das durch die Berufsunfähigkeitsversicherung abgesichert wird, nachvollziehbar vermittelt worden sein, erkennen junge Menschen unmittelbar den Vorteil eines frühen Vertragsabschlusses.
Im Hinblick auf eine effektive Vermittlung des Sinns einer Berufsunfähigkeitsversicherung möchte ich auf die zuvor erläuterte Risikoeinordnung im Kontext der sozialen Medien verweisen. Diese lässt sich in der vorgestellten Form nachvollziehbar in einem offenen Dialog mit jungen Menschen diskutieren. In den meisten Fällen erkennen sie selbst, dass das Smartphone nicht immer positive Auswirkungen auf ihr Leben hat. Manchmal braucht es lediglich einen mittelalten, langhaarigen Finanzenthusiasten, der mit einem Augenzwinkern über die »neuen Medien« schimpft, um diese Botschaft nachhaltig zu vermitteln.

2.4 Fazit

Um den eingangs versprochenen Ratgebercharakter dieses Kapitels zu unterstreichen, möchte ich mich mit einem kurzen, praxisorientierten Fazit verabschieden.

Wie in jedem anderen Themenfeld, das man jungen Menschen näherbringen möchte, erfordert auch die finanzielle Bildung ein hohes Maß an Geduld. Fehler im Umgang mit Geld sind besonders in jungen Jahren normal und ein wichtiger Teil des Lernprozesses. Das zentrale Ziel der finanziellen Bildung für Kinder, Jugendliche und junge Erwachsene sollte daher stets darin bestehen, diese Fehler in ihrem finanziellen Ausmaß zu begrenzen. Finanzbildung ist präventive Bildung – nur wer über die potenziellen Gefahren im Umgang mit Geld aufgeklärt wurde, ist auch in der Lage, diese frühzeitig zu erkennen und entsprechend zu handeln. Besonders bei jungen Menschen zeigt sich häufig ein scheinbarer Widerspruch zwischen dem Leben im Jetzt und langfristigem Denken. Für Lehrende kann dies mitunter frustrierend wirken. Dennoch sind es die vielen kleinen Erfolge, die zusammengesetzt ein größeres Bild ergeben und letztlich eine finanziell bessere und damit auch resilientere Zukunft für alle Beteiligten schaffen.

»Sprecht mit der Jugend, nicht über sie«
Jacob Risse

Als abschließende Überraschung möchte ich im Anhang dieses Kapitels ein besonders gelungenes Projekt aus dem Bereich der praxisorientierten Vermittlung finanzieller Bildung vorstellen. Das Projekt »**Bank und Jugend im Dialog**« wurde und wird von der Diakonie in Krefeld & Viersen gemeinsam mit Schulen, regionalen Banken und Sparkassen sowie externen Partner:innen wie im-team (Dortmund) und DIE.WERKSTATT durchgeführt. Es zeigt auf beeindruckende Weise, welchen großen Mehrwert eine Zusammenarbeit verschiedener Akteure für junge Menschen schaffen kann, wenn alle dasselbe Ziel verfolgen. In der Zeit von 2015 bis 2020 wurde das Projekt außerdem in Kooperation mit »fesch – forum eltern und schule«, einer anerkannten Einrichtung der politischen Bildung (gefördert durch die Landeszentrale für politische Bildung NRW), weiterentwickelt. In dieser Phase wurde das Thema Nachhaltigkeit zusätzlich integriert – orientiert an den Sustainable Development Goals (SDGs) der Vereinten Nationen. In diesem Sinne verabschiede ich mich an dieser Stelle bei Ihnen, wünsche Ihnen viel Freude beim Lesen des nun vorgestellten Projekts und möchte Prof. Dr. Lars Meyer meinen herzlichsten Dank für das Verfassen und Bereitstellen des folgenden Textes aussprechen.

Bank und Jugend im Dialog

Projekt der Diakonie Krefeld & Viersen in Kooperation mit Schulen und Banken/Sparkassen

Bei dem Projekt Bank und Jugend im Dialog sind mehrere Ziele miteinander verbunden: Die Jugendlichen setzen sich aus ihrer lebensweltlichen Perspektive, also Schule und Elternhaus oder Bank, mit der Entwicklung einer nachhaltigen, eigenständig entwickelten Finanzkompetenz auseinander.

Der Gesamtprozess. Das Projekt wird in mehreren Stufen durchgeführt, welches die Selbstständigkeit jedes Einzelnen unter dieser obigen Thematik sicherstellt.[34] Hierbei wird von einem Verständnis des Lernens als selbstständigem Prozess unter einer Wachstumsperspektive ausgegangen, Lernen als Konstruktionsprozess. Im Fokus stehen dabei sowohl theoretische als auch praktische Ziele, die die Handlungskompetenz im Alltag fokussiert und dazu theoretische Aspekte des Verständnisses einer finanziellen Resilienz mit verschiedenen Zielgruppen in Dialog bringen. Dabei steht Resilienz als nachhaltige Finanzkompetenz im Vordergrund in den jeweiligen Rollen: Schüler:innen ab der achten Klasse, Azubis in den Kreditinstituten.

Das über allem stehende Thema heißt:

Geld – zwischen Freiheit des Möglichen und notwendigem Übel der Begrenzung: Mein verantwortungsvoller Umgang mit Geld – Meine Zukunft!

Die einzelnen Werkstätten in diesem Projekt wurden mit allen beteiligten PartnerInnen im Vorfeld durch eine individuelle Vorbereitung sichergestellt. Sowohl die

Schule, die Bank, als auch die Schuldnerberatung mit einer externen Moderation/ Prozessbegleitung sprechen sich dazu ab.

Übergeordnete Ziele:

Finanzkompetenz: *Zielgruppe von SchülerInnen im Alter von 14 bis 18 Jahren*
Beratungskompetenz: *Zielgruppe Azubis im beteiligten Kreditinstitut.*
Einbindung von Banken und Schulen in diesen Prozess.

Didaktischer Prozess und Vorgehen:

Die Projektbeteiligten haben in einem mehrstufigen prozesshaften Verfahren sowohl zielgruppenspezifisch als auch gemeinschaftlich gearbeitet. Hierbei lassen sich vier verschiedene Phasen unterscheiden: **A – B – C – D.**

A Phase Schüler:innen

In der ersten Phase werden in Workshops SchülerInnen zur Bearbeitung folgender Themenfelder animiert: Taschengeld, erste eigene Wohnung, Konsum... Hierzu wird innerhalb des schulischen Kontextes ein Projekttag oder eine Projektwoche durchgeführt: Dabei steht ein Besuch der Schuldnerberatung, da wo es möglich ist, auf dem Programm. Innerhalb des Unterrichtes werden einzelne Einheiten umgesetzt.

Hieraus werden auch Fragestellungen aus den eigenen Themenbereichen, z. B. Girokonto, Dispo, Kredit, Geldwirtschaft entwickelt. Was sind die Themen der Jugendlichen, die sie umtreiben und welche Fragen ergeben sich daraus für den anstehenden Bankbesuch, bei dem die SchülerInnen mit den BankmitarbeiterInnen ins Gespräch kommen.

A Phase Azubis

Die Auszubildenden der Kreditwirtschaft werden im Vorfeld auf den Dialog mit den SchülerInnen vorbereitet. Dieser Dialog steht unter dem Fokus: »Beratung verbessern unter Beachtung der lebensweltlichen Fragestellungen, verbunden mit dem Ziel der Entwicklung einer nachhaltigen Beratungskompetenz und Strategie. Vorbereitung auf das anstehende Beratungssetting mit den Schüler:innen«: Für diesen Zusammenhang wird herausgearbeitet, wie mit den Fragen der Schüler umzugehen ist und wie die Auszubildenden mit Ihrer Fachkompetenz die Schülerinnen in ihrem eigenen Fortkommen begleiten und unterstützen können. Hierzu werden sie auf die Oberthemen aufmerksam gemacht, die vorab in der Schule erarbeitet werden. Damit können sich die Azubis mit entsprechenden Materialien ihrer Einrichtung vorbereiten.

B Besuch im Kreditinstitut

Der Besuch im Kreditinstitut in der zweiten Phase entspricht einem Dialog, in pädagogischer Hinsicht auf der Basis eines Peer Learning Ansatzes. Hierbei werden beide Zielgruppen mit ihrem spezifischen Erkenntnisinteresse so vorbereitet, dass sie zusammen ein gutes Gespräch im Dialog umsetzen können.

Durchführung der Arbeitsphase »Fragen an die Bank - Wie funktioniert das?« Die Ergebnisse werden dokumentiert. Darunter fallen Basisinformationen und Basics zum Thema Bankwirtschaft. Daraus entwickeln die SchülerInnen auch für sich selbst funktionierende Strategien und Prinzipien für einen nachhaltigen Umgang mit dem eigenen Geld, um nicht in eine Schuldensituation zu geraten. Dies geschieht in Kooperation und Unterstützung durch die Bankauszubildenden.

C Gemeinschaftliche Zukunftswerkstatt - Geldwerkstatt

Der Abschluss der Vorphasen läuft in Form einer Zukunftswerkstatt ab.[35] Thema der Zukunftswerkstatt: »Meine Zukunft – Mein Umgang mit Geld – mein Leben!«. Die Zukunftswerkstatt besteht aus drei Phasen. In einer ersten Kritikphase werden Probleme, Hindernisse und Schwierigkeiten erarbeitet, die aus einer persönlichen und gemeinschaftlichen Perspektive in Bezug auf Geld kritisch zu sehen sind. Anschließend werden Visionen und Utopien ausgearbeitet, die für den Einzelnen und für die Gruppe eine Leuchtturmfunktion haben sollen. In der letzten Phase geht es dann um die Verwirklichung der Ideen, die in konkrete Projekte und Handlungsschritte münden sollen. Hier die Schritte im Detail:

C1 Kritikphase

Kritikfrage

»Was sind die Stolpersteine beim Umgang mit Geld – Was stört, ärgert mich? Wo siehst du Probleme? Was läuft falsch? Was befürchtest du für deine Zukunft?«

Leitend dabei sind folgende Gedanken: »Denke an das, was Du erlebt hast in dieser Woche, was du selbst tust, was ihr an Eurer Schule macht, wie es in unserer Stadt/bei Freunden/Verwandten aussieht, denke an die kleinen Schwierigkeiten und die großen Probleme...«

Ziel dieser Phase ist es, am Ende zu zentralen Kritikpunkten zu kommen. Mit einer positiven Wendung wird dann die Phantasiephase eingeleitet.

C2 Fantasiephase

Die Einführung in die Fantasiephase macht das Thema auf: Meine, deine, unsere Zukunft beim Thema: Umgang mit Geld – was ist mir wichtig?

Hierbei erarbeiten die SchülerInnen langsam und kreativ ihren Wunschhorizont. Dieser ist Vision und dient als Motivation zugleich. Dabei wird teilweise eine getrennte Bearbeitung mit den Schüler:innen und den Azubis durchgeführt.

Die Frage an die Schüler:innen: *Wie wünsche ich mir meine Zukunft? – Wie lebe ich, was ist mir wichtig? Wie sehe ich mich in den Feldern:*

a) Beruf
b) Familie
c) Freunde (und Menschen)
d) Straße – Stadt – Stadtteil – Gesellschaft und Nachhaltigkeit."

Die Frage an die Auszubildenden: *Meine verantwortungsvolle Beratung – Überprüfung meiner Beratungspraxis auf Grundlage des vorhandenen Beratungskonzeptes in der Sparkasse/Bank und den hier gewonnenen Erfahrungen - eigene Gedanken und Wege zu einer verantwortungsvollen Beratungspraxis.*

Aus beiden Gruppen werden die besten, kreativsten Ideen und Wünsche aus den Utopien herausgearbeitet. Damit wird dann in der Verwirklichungsphase weitergearbeitet.

C3 Verwirklichungsphase

Die Verwirklichungsphase stellt die Sinnfrage und sucht nach Wegen der Erreichung der darin liegenden Ziele:
Wie kann ich ein sinnerfülltes Leben führen, ohne in die Schuldenfallen zu tappen – was sind meine Wege und Strategien? Was ist mir aus dem Prozess heraus wichtig geworden, um dies zu erreichen? Welche Fähigkeiten muss ich nutzen und ausbauen?

Dabei werden zum Ende konkrete Projekte und Vorhaben erarbeitet. Diese liegen sowohl auf den Feldern des persönlichen Umfeldes, der eigenen Person, aber auch auf einer gesellschaftspolitischen Fragestellung. Sie sind die Antworten dieser Gruppen auf drängende Fragen, Herausforderungen oder auch Risiken. Hierzu werden die vielfältigen Dimensionen einer finanziellen Resilienz in großer Breite thematisiert.

C4 Ergebnispräsentation von Vorhaben zum Thema

Die Ergebnisse aus der Kritikphase und Fantasiephase werden in einer gemeinschaftlichen Präsentation gegenseitig vorgestellt. Dabei werden gemeinschaftliche Ziele erkannt, der andere Blick bereichert die eigenen Vorhaben. Die Darstellung der eigenen Arbeitsergebnisse verstärkt das Erlernte. Die Ergebnisse aus der Perspektive der Auszubildenen und der SchülerInnen ergänzen sich. Bei der Veröffentlichung der Ergebnisse auf Seiten der Bank oder der Schule werden weitere Personen und Öffentlichkeiten mit einbezogen.

D Reflexion Bank und Schule

Die zum Ende stattfindende zielgruppenspezifische Abschlussreflektion dient einerseits der eigenen Reflexion, aber auch der Chance für die Schule oder die Bank, aus diesem Prozess selbst zu lernen und Erfahrungen in die eigenen Entwicklungsprozesse einzubetten.

Bei den Azubis und der Bank steht folgende Frage im Vordergrund:

Meine verantwortungsvolle Beratung – Überprüfung meiner Beratungspraxis auf Grundlage des vorhandenen Beratungskonzeptes in der Sparkasse/Bank und der hier gemachten Erfahrungen – eigene Gedanken und Wege, um zu einer verantwortungsvollen Beratungspraxis zu gelangen.

Bei den SchülerInnen und der Schule steht folgende Frage im Vordergrund:

Die Bearbeitung des Themas »Nachhaltigkeit« und die Übertragung und Multiplizierung in anderen Kontexten, dessen Einbettung in schulische Projekte und Prozesse oder die Erkenntnisse jüngeren Jahrgängen zur Verfügung zu stellen und weiterzugeben: Beratungskompetenz erweitern durch das Peer Learning-Setting und gleichzeitig SchülerInnen individuelles Wissen zum Bankgeschäft zu ermöglichen, gesellschaftspolitische Fragestellungen als Teil der Fragstellung zu beantworten

Eine übergreifende Kooperation von Schuldnerberatung, Kreditwirtschaft bzw. Banken, Schulen und politischer Bildung wie beim Projekt «Bank und Jugend im Dialog« funktioniert nur durch den Dialog. Durch die zusätzliche Fokussierung auf die SDGs ist sie damit ein Beispiel für eine »aufsuchende politische Bildung« im Werkstattformat. Dies erfordert eine Kooperationsbereitschaft aller Beteiligten auf Augenhöhe und das Vertrauen darauf, dass es sowohl für die Schüler:innen als auch die Azubis und auch für die beteiligten Organisationen einen Mehrwert bietet. Dies erfordert vor allem im Vorfeld eine intensive Vorarbeit und Auseinandersetzung mit diesem Projekt. Letztendlich zeigt aber die Durchführung, die es seit 1997 bis heute in Krefeld und Umgebung durch die Schuldnerberatung der Diakonie Krefeld Viersen[36], bis 2016 vertreten durch Helmut Peters als Fachberater für Schuldnerberatung und Lars Meyer als Prozessbegleiter[37], dass sich die Kooperation für alle Beteiligten lohnt!

Bank und Jugend im Dialog baut darauf auf, dass Jugendliche vor Schulden nur geschützt werden können, wenn sie die Einsicht in die Notwendigkeit entwickeln, den Umgang mit Geld zu erlernen und hier in dieser Variante das Thema Nachhaltigkeit. Dazu wurde dieses Werkstattkonzept entwickelt. Es baut auf einer »Interaktionistischen konstruktivistischen Pädagogik« auf.[38] Die im Werkstattprozess aufgeworfene Langzeitperspektive und deren Nutzen für das eigene Leben sichert dieses ab. Die in den 60er Jahren entwickelte Zukunftswerkstatt[39] ist prädestiniert, diese sowohl individuelle als auch kollektive Fragestellung nach einem guten nachhaltigen Leben zu stellen.

3

Finanzielle Resilienz aus biografieanalytischer Perspektive

Dr. Birgit Happel

Einleitung

Der Artikel nähert sich dem Konzept der finanziellen Resilienz mittels einer Praxisperspektive und biografieanalytischen Herangehensweise. Die individuellen Lebensverläufe der Akteurinnen und Akteure sind in makrostrukturelle Rahmenbedingungen eingebettet. Ein umfassendes Verständnis für die Ausbildung und Entwicklung finanzieller Resilienz erfordert eine multidimensionale und interdisziplinäre Betrachtung der Wechselwirkungen zwischen sozioökonomischen Einflussfaktoren wie Herkunft und Bildung sowie individuellen Faktoren und finanzbezogenen Einstellungen. Auf Grundlage empirischer Erkenntnisse aus der Bildungs- und Beratungspraxis sowie einschlägiger Forschungsliteratur werden Handlungsempfehlungen und Strategien zur Stärkung finanzieller Widerstandskraft auf individueller und gesellschaftlicher Ebene analysiert und diskutiert.

3.1 Biografieanalyse und finanzielle Resilienz

In den vergangenen Jahren haben Krisen und externe Schocks weltweit gesellschaftliche und wirtschaftliche Systeme beeinflusst. Naturkatastrophen, Pandemien, terroristische Anschläge und militärische Konflikte wirken sich auf das Marktgeschehen aus und führen zu makroökonomischen Veränderungen. Diese können tiefgreifende individuelle und gesellschaftliche Folgen haben, darunter eine Zunahme sozioökonomischer Disparitäten, ein steigendes Verschuldungsniveau sowie nicht zuletzt eine Beeinträchtigung der langfristigen finanziellen Resilienz individueller Akteure.[40]

Der vorliegende Beitrag rückt Schlüsselfaktoren und prägende finanzbiografische Dimensionen in den Mittelpunkt, um zu diskutieren, wie diese Erkenntnisse innerhalb der finanziellen Bildung für die Stärkung der finanziellen Resilienz genutzt werden können.

3.1.1 Was ist finanzielle Resilienz?

Finanzielle Resilienz ist ein aus der Resilienzforschung abgeleitetes Konzept, das die Fähigkeit eines Individuums beschreibt, bewusst finanzielle Ziele zu setzen, klug mit Geld umzugehen und finanzielle Herausforderungen souverän zu meistern. Sie hilft, finanzielle Rückschläge zu überwinden, sich vor existenziellen Engpässen zu schützen und langfristig finanzielle Stabilität zu sichern. Finanzielle Resilienz kann entscheidend für die finanzielle Sicherheit von Akteur:innen sein und deren Lebensqualität maßgeblich beeinflussen. Unter den Begriff Resilienz werden Ressourcen für die Bewältigung von Krisen sowie Kompetenzen zur Selbstregulation und der Verwirklichung von Entwicklungsschritten gefasst.[41] Die Bedeutung von biografischen Ressourcen im Sinne der Fähigkeit, sich unter schwierigen Bedingungen zu behaupten, anzupassen und trotz widriger Umstände positive Entwicklungen in der Lebensführung in Gang zu setzen, wird auch in der soziologischen Biografieforschung und der praxisorientierten Biografiearbeit herausgestellt.[42]

Dabei geht es insbesondere darum, von einer defizitorientierten zu einer ressourcenorientierten Perspektive auf die eigenen Handlungsoptionen zu gelangen, um persönliche Handlungsspielräume zu erweitern und Zukunftsperspektiven zu schaffen. Im Resilienzkonzept verankert ist auch die Selbstwirksamkeit im Sinne der individuellen Überzeugung einer Person, in der Lage zu sein, bestimmte Handlungen auszuführen, um gesteckte Ziele zu erreichen.[43] Diese Überzeugung beeinflusst wiederum das persönlichen Verhalten, die Motivation und auch die mentale Belastbarkeit. In der Bildungs- und Beratungspraxis zeigt sich, dass finanzielle und psychische Resilienz Hand in Hand gehen. In meiner Studie zum Umgang mit Geld aus biografieanalytischer Perspektive wurde deutlich, dass ein gesundes Finanzverhalten in kritischen Lebenssituationen als psychischer Schutzfaktor wirken kann.[44] Hingegen können psychosoziale Belastungsfaktoren die finanzielle Stabilität beeinträchtigen, insbesondere wenn die individuelle Passungsfähigkeit im Umgang mit Geld nicht der ökonomischen Rationalität entspricht.[45] Für die Bildungs- und Beratungspraxis ergibt sich hieraus der Auftrag, Akteur:innen in ihrer finanziellen Selbstwirksamkeit zu stärken.

Ein Forschungsprojekt an der Uni Mannheim zur finanziellen Vulnerabilität während der Corona-Pandemie hat gezeigt, dass persönliche finanzielle Sorgen mit den individuell verfügbaren finanziellen, sozialen und psychischen Ressourcen korreliert sind.[46] Die Finanzen im Alltag im Griff zu behalten und auch langfristig ein persönliches Finanzmanagement zu verfolgen, ist uns nicht in die Wiege gelegt, sondern wird über Erfahrungs- und Lernprozesse angeeignet. Dabei rücken die ökonomische und finanzielle Bildung erst nach und nach in die Lehrpläne von Schulen.

Im Anschluss werden einige Prämissen der hier eingenommenen biografieanalytischen Perspektive aufgezeigt. Dabei wird das Konzept der finanziellen Resilienz gleichermaßen in den Kontext individueller Lebenserfahrungen wie gesellschaftlicher Rahmenbedingungen gestellt.

3.1.2 Biografieanalytische Perspektive

Die soziologische Biografieforschung bietet die Möglichkeit, individuelle Lebensgeschichten und Erfahrungen aus dem Blickwinkel ihrer Einbettung in gesellschaftliche Strukturen zu betrachten. Individuelle Handlungen von Akteurinnen und Akteuren finden stets innerhalb eines gesellschaftlichen Kontextes statt und interagieren mit den Rahmenbedingungen. Eine Prämisse der Biografieforschung ist es, dass die Akteure in ihrem individuellen Handeln Antworten auf gesellschaftlich ungelöste Fragen suchen.[47] Dabei greifen sie mitunter Veränderungen von Strukturbedingungen vor und öffnen dadurch Räume für gesellschaftliche Transformation. Wenn viele Menschen gewohnte Wege verlassen – sei es durch eine nachhaltigere Lebensweise, neue Rollenbilder, vielfältige Familienformen oder auch, in dem sie alternative Bezahlmethoden bevorzugen – können sich ab einer kritischen Masse neue biografische Muster entwickeln. Diese zeigen sich beispielsweise im Konsumverhalten, in der Rollenverteilung oder bei Zahlungspräferenzen. Damit Innovationen wie neue Bezahlformen sich endgültig etablieren und dauerhaft bestehen, müssen sie von vielen genutzt und nachgefragt werden. Zudem prägen gesellschaftliche Narrative unser Denken, etwa rund um die Aktienkultur in Form von Börsenmythen oder auch hinsichtlich des Leistungsgedankens, der in marktwirtschaftlich organisierten Gesellschaften individuellen Erfolg und soziale Positionen mit persönlicher Anstrengung, Fähigkeiten und Leistungen verknüpft.

In der biografieanalytischen Rekonstruktion von Lebensgeschichten wird zum einen nach den Handlungsperspektiven der Akteure gefragt, zum anderen werden Erleidensprozesse im Sinne von »Verlaufskurven« zurückverfolgt.[48] Die Analyse von individuellen Be- und Verarbeitungsstrategien innerhalb der sozialen Wirklichkeit kann Aufschluss darüber geben, ob und welche Verwirklichungschancen den Individuen im gesellschaftlichen Kontext offenstehen und inwiefern sie diese umsetzen können oder auch nicht. Das Bestreben der Menschen, ihre Handlungsspielräume zu erweitern, um persönliche Meilensteine zu erreichen und die eigenen Aspirationen umzusetzen, ist eng mit der persönlichen Geldpraxis verknüpft. Finanzielle Resilienz als die Fähigkeit, gesteckte Ziele zu verwirklichen und finanzielle Herausforderungen und Krisen zu bewältigen, ohne langfristige negative Auswirkungen auf die persönliche finanzielle Stabilität zu erleiden, ist in dieser Lesart das Bestreben, die eigenen Handlungsperspektiven so zu verbessern, dass über den Lebensverlauf finanzielle Widerstandsfähigkeit gegeben ist und das persönliche »Finanzhaus« nicht beim ersten Windstoß in sich zusammenfällt.

3.2 Die Rolle der Lebensgeschichte bei der Ausbildung von finanzieller Resilienz

Die Geldsozialisation hat einen maßgeblichen Einfluss auf die Entwicklung von persönlichen Werten, den Umgang mit Geld sowie das Finanzverhalten der Akteure.[49] Hierbei werden Weichen gestellt, die Auswirkungen auf die finanzielle Resilienz im Erwachsenenalter haben können. Zum Beispiel kann das Beobachten von finanziell verantwortlichem Handeln der Eltern die Grundlage für passungsfähige finanzielle Gewohnheiten bzw. ein gesundes Finanzverhalten der nachfolgenden Generation legen. Umgekehrt können ambivalente oder negative familiäre Gelderfahrungen dazu beitragen, dass sich Unsicherheiten und Ängste in Bezug auf Geld und Finanzdienstleistungen tradieren.[50] Allerdings besteht kein kausaler Zusammenhang. Auch existenziell schwierige Erfahrungen in der Geldsozialisation, etwa eine Insolvenz des elterlichen Betriebs, Überschuldung oder mangelnde Ausgabenkontrolle eines Elternteils, können in ein gesundes Finanzverhalten der Kinder münden und somit als Negativfolie wirken.[51]

Allgemein spielt das sozioökonomische Umfeld, in dem Menschen sich bewegen, eine Rolle bei der Ausbildung der finanziellen Widerstandsfähigkeit der Akteure. So können Familien oder Gemeinschaften einen Zugang zu Ressourcen und Unterstützungssystemen ermöglichen, beispielsweise durch finanzielle Hilfen in Krisensituationen oder die Vermittlung von Erwerbsmöglichkeiten. Kritische Lebensereignisse, wie der Verlust des Arbeitsplatzes, Krankheit, Trennung oder persönliche Krisen beeinträchtigen in aller Regel die persönliche Finanzlage und stellen die finanzielle Resilienz auf die Probe. Aus der Verschuldungsforschung ist bekannt, dass es oft eher unbeeinflussbare Faktoren sind, die aus einer Ver- in eine Überschuldungssituation führen. Seit vielen Jahren zählen Arbeitslosigkeit, dauerhaft niedriges Einkommen, Krankheit und Trennung zu den Hauptüberschuldungsauslösern.[52] Kommen makroökonomische Veränderungen wie anhaltend hohe Mieten, Zinsveränderungen oder Preissteigerungen dazu, wird der finanzielle Spielraum für viele Akteure stetig enger.

3.2.1 Finanzielle Resilienz im Alltagshandeln und an Lebensübergängen

Während sich finanzielle Widerstandsfähigkeit im praktischen Handeln durch Verhaltensweisen und Einstellungen auszeichnet, die dazu dienen, langfristig finanziell stabil zu bleiben, Krisen zu bewältigen und die eigenen Finanzen auf lange Sicht im Blick zu behalten, kann ungesundes Finanzverhalten verschiedene Hintergründe, auch struktureller Art haben und finanzielle Resilienz erschweren. Der persönliche Umgang mit Geld wird meist erst dann selbstreflektiert hinterfragt, wenn sich Unsicherheiten oder Probleme im Alltagshandeln zeigen oder das Auskommen mit dem Einkommen dauerhaft gefährdet ist. Wie der Sozialpsychologe und Gruppenlehranalytiker Rolf Haubl immer wieder betont, ist die Einsicht in den eigenen Gefühlshaushalt in Bezug auf Geld, eine wichtige Voraussetzung für die Ausbildung von monetärer Kompetenz.[53] Ist das Thema Geld und Finanzen beispielsweise stark mit Angst konnotiert, steigt die Wahrscheinlichkeit, dass (unterbewusst) Vermeidungsstrategien greifen, um dem Thema aus dem Weg zu gehen.

Gesundes Finanzverhalten zeichnet sich insbesondere durch eine solide Budgetplanung, die Umsetzung von Budgetplänen und ein bewusstes Konsumverhalten aus. Das Bestreben, im Rahmen der eigenen finanziellen Mittel zu wirtschaften, steht im Vordergrund und soll sichergestellt werden. Weiterhin zählt dazu der Aufbau eines finanziellen Puffers, um unerwartete Ausgaben oder Einkommensverluste abzufedern. Dazu kommen ein verantwortliches Schuldenmanagement und Kreditkompetenz, um Kredite sinnvoll zu nutzen.[54] Auch versuchen finanziell widerstandsfähige Menschen, ihre Einkommensquellen zu diversifizieren, um nicht vollständig von einer einzigen Einkommensquelle abhängig zu sein und setzen sich langfristige finanzielle Ziele. Dies können etwa Ersparnisse für die Finanzierung von Bildungsausgaben, Investmentsparpläne für die Altersvorsorge oder der Vermögensaufbau zum Erwerb einer Immobilie sein. Ein im geschilderten Sinn gesundes Finanzverhalten trägt dazu bei, finanzielle Resilienz zu entwickeln, indem es die Fähigkeit stärkt, finanzielle Herausforderungen zu bewältigen und sich auf unerwartete Ereignisse vorzubereiten.

Deswegen ist es nicht zuletzt wichtig, biografische Risiken im Blick zu behalten und sich gegen unvorhergesehene Situationen wie Krankheit, Unfälle oder Naturkatastrophen abzusichern. Die Fähigkeit zur Risikobewältigung und Anpassung ist ein zentraler Aspekt der finanziellen Resilienz. Individuen, die in der Lage sind, auf finanzielle Belastungen zu reagieren und ihre finanziellen Strategien flexibel anzupassen, sind besser in der Lage, ihre Finanzsituation langfristig stabil zu halten. Ein solches Finanzverhalten habe ich anhand der Geldpraxis eines adaptiven Umgangs mit Geld beschrieben.[55]

Typische Herausforderungen im Lebensverlauf sind auch Statuspassagen und Lebensübergänge, wie der Übergang von der Schule zur Arbeit, die Gründung einer Familie oder der Eintritt in den Ruhestand. Meist haben sie Einfluss auf die finanzielle Lage der Akteure. An biografischen Übergängen getroffene Entscheidungen können weitreichende finanzielle Auswirkungen nach sich ziehen und die finanzielle Widerstandsfähigkeit im Lebensverlauf entscheidend prägen. Deswegen ist es wichtig, frühzeitig für die Wechselwirkungen von Lebens- und Finanzentscheidungen zu sensibilisieren.

Das Zusammenspiel von Finanzverhalten und finanzieller Resilienz wird darüber hinaus durch Strukturfaktoren und Stereotype beeinflusst. Eine besondere Risikokonstellation ergibt sich für Frauen, die Fürsorgeverantwortung übernehmen. Daher spielt auch das Thema Geschlechtergerechtigkeit eine Rolle in Bezug auf den Grad der finanziellen Resilienz von Akteurinnen.

3.2.2 Exkurs Geschlechterungleichheit

Geschlechterungleichheit und finanzielle Widerstandsfähigkeit sind eng miteinander verbunden und beeinflussen sich auf vielfältige Weise gegenseitig.[56] So ist etwa die Berufswahl von Frauen und Männern noch immer von Geschlechterstereotypen geprägt,[57] wobei die Arbeit an Maschinen besser bezahlt wird, als die Arbeit am Menschen. Die Lohnungleichheit trägt mit dazu bei, dass Familien weiterhin eine eher traditionelle Rollenverteilung wählen und Frauen mit Fürsorgeverantwortung häufig eine Teilzeitbeschäftigung ausüben.[58] Finanzielle Unabhängigkeit und auch finanzielle Selbstbestimmung bleiben dabei nicht selten auf der Strecke. Dadurch gehen Frauen hohe biografische und finanzielle Risiken ein: »Entscheiden Frauen sich für Mutterschaft, haben wir es mit einem sogenannten »Klumpenrisiko« für ihre Finanzen zu tun.«[59] Eine Untersuchung des Deutschen Gewerkschaftsbundes zur wirtschaftlichen Eigenständigkeit von Frauen zeigt auf, dass mehr als die Hälfte der Frauen (53 %) ihre Existenz nicht langfristig sichern kann, das heißt, sie können sich nicht gegen finanzielle Risiken absichern und keine Vorsorge treffen. Für 70 % ist es nicht möglich, langfristig für sich und ein Kind vorzusorgen.[60] Bereits in einer repräsentativen Erhebung des Brigitte Magazins aus dem Jahr 2021 gab jede zweite Frau an, ihren Lebensunterhalt nicht selbst bestreiten zu können.[61] Einer internationalen Mastercard-Studie aus dem Jahr 2022 zufolge befinden sich 30 % der Frauen in Deutschland in finanzieller Abhängigkeit; »82 % von ihnen sind überzeugt, niemals finanziell unabhängig zu werden.«[62] Infolgedessen verringert sich ihre Fähigkeit, eigenständige finanzielle Entscheidungen zu treffen und die Kontrolle über die persönliche wirtschaftliche Situation zu behalten.

Auch haben Ein-Eltern-Familien seit vielen Jahren eine hohe Armutsgefährdungsquote und zählen zu den vulnerablen Bevölkerungsgruppen.[63] Dementsprechend können sie finanzielle Schwierigkeiten schlechter abfedern. Aprea et al. stellen in einer Untersuchung zur finanziellen Widerstandsfähigkeit während der Coronakrise »die Bedeutung von Vermögen als Polster gegen finanzielle Schocks« heraus.[64] Wie die Ergebnisse verdeutlichen, waren mit »Alleinerziehenden und den einkommensschwachen Personen zwei Gruppen besonders stark von den finanziellen Risiken der Pandemie betroffen (...), die auch zuvor schon als gefährdet galten«.[65]

Geschlechterungleichheit kann sich darüber hinaus in begrenzten beruflichen Entwicklungschancen für Frauen niederschlagen, die selbstredend Einfluss auf deren wirtschaftliche Lage nehmen. Wie eine Studie im Auftrag der Antidiskriminierungsstelle des Bundes herausstellt, sind Fürsorgeleistende nach wie vor von Diskriminierung auf dem Arbeitsmarkt betroffen.[66] Aktuell zeichnet sich aufgrund der fehlenden Betreuungsplätze für Kitas eine Krise des professionellen Care-Sektors ab.[67] Dabei stellt sich für Familien erneut die Frage, wie Vereinbarkeit gelingen kann, damit die Entscheidung für ein Kind kein biografisches Risiko oder sogar eine Armutsfalle für Frauen bedeutet. Infolge von Betreuungsengpässen gaben laut einer WSI Studie 40 % der Mütter und 33 % der Väter an, ihre Arbeitszeit zeitweilig reduziert zu haben.[68] Vor allem in Bezug auf die Sicherung der Altersvorsorge bringen Karriereunterbrechungen für die Kindererziehung oder Pflegeverantwortung erhebliche finanzielle Nachteile mit sich, die vor allem von Frauen getragen werden.[69] Der Gender Care Gap, also die sogenannte »Sorgearbeitslücke«, sowie die ökonomischen Gender Gaps haben erhebliche Auswirkungen auf die Erwerbs-, Finanz- und Vermögensbiografien von Frauen und beeinträchtigen deren finanzielle Resilienz.

Insgesamt trägt das Schließen von Gerechtigkeitslücken dazu bei, die finanzielle Widerstandsfähigkeit von Frauen zu stärken. Hierbei gilt es, sowohl strukturelle Rahmenbedingungen zu adressieren – insbesondere, um Lohn- und Arbeitsmarktdiskriminierung sowie Fehlanreizstrukturen zu beseitigen – als auch individuelle Handlungsebenen, um die finanzielle Selbstbestimmung und wirtschaftliche Unabhängigkeit von Frauen zu fördern und die Voraussetzungen für finanzielle Stabilität zu verbessern. Dazu zählen ein stimmiges Geldbewusstsein, eine solide Finanzbildung, ein gesundes Finanzverhalten, finanzielles Selbstvertrauen sowie die Fähigkeit und Freiheit, die eigene berufliche und finanzielle Situation aktiv zu gestalten und Rücklagen zu bilden – alles Faktoren, die wiederum dazu beitragen, finanzielle Krisen leichter zu bewältigen und langfristige finanzielle Sicherheit zu erreichen. Daher ist sicherzustellen, dass auch Fürsorgeleistende kurz-, mittel- und langfristige finanzielle Ziele verwirklichen können, um auf unvorhergesehene Ereignisse vorbereitet zu sein und Risiken absichern zu können. Aus diesem Grund sollte die Vermittlung von Gleichstellungs- und Finanzbildung Hand in Hand gehen.[71]

3.2.3 Finanzielle Resilienz im Spannungsfeld zwischen Eigenverantwortung und sozialer Sicherung

Eigenverantwortliche Vorsorge kann finanzielle Resilienz fördern und gegen unvorhergesehene Ereignisse wappnen, während staatliches Handeln im besten Fall strukturelle Unterstützung und Sicherheit bietet. Die Ambivalenz und Brisanz des Rufs nach Eigenverantwortung liegt vor dem Hintergrund von Lücken im Verbraucherschutz, persistenter Ungleichheitsstrukturen und geringer sozialer Aufwärtsmobilität der unteren Einkommensgruppen auf der Hand. Vor allem in den unteren sozialen Lagen haben sich die Aufstiegschancen in den letzten Jahrzehnten sukzessive und erheblich verschlechtert.[72] Der sechste Armuts- und

Reichtumsbericht der Bundesregierung zeigt sehr unterschiedliche Entwicklungen der sozialen Mobilität im Lebensverlauf in Abhängigkeit von der sozialen Lage: »Im Fall der Zugehörigkeit zu der im Forschungsvorhaben als „Armut" bezeichneten Lage ist die Wahrscheinlichkeit, ihr auch in der nächsten Fünfjahresperiode noch anzugehören, seit Ende der 1980er Jahre von 40 % auf 70 % angestiegen.«[73] Mit anhaltend hohen Mietpreisen, steigenden Energie- und Lebenshaltungskosten und einem großen Niedriglohnsektor spitzen sich die finanziellen Anforderungen an die privaten Haushalte in den letzten Jahren zu. Dadurch sinkt der Anteil der Verbraucher:innen, die regelmäßig sparen und vorsorgen können, stets weiter.[74] Gerade bei externen finanziellen Schocks, wie der Energiepreiskrise im Herbst/Winter 2022, kommen gesellschaftlichen Rahmenbedingungen und sozialen Sicherungssystemen eine besondere Bedeutung bei der Bewältigung finanziell herausfordernder Situationen zu. Darum ist sowohl die individuelle als auch die strukturelle Prävention gleichermaßen im Blick zu behalten, wie es nicht zuletzt das bundesweit agierende »Präventionsnetzwerk Finanzkompetenz« fordert.[75]

3.3 Implikationen für die finanzielle Bildung

Die Stärkung der Finanz- und Risikokompetenz der Akteure kann auf lange Sicht ihre finanzielle Resilienz erhöhen. Wie bereits angeführt, ist Finanzkompetenz unter anderem mit der Geldsozialisation und dem Bildungsstand verknüpft. Ebenso weisen Prozesse der Ver- und Überschuldung enge Zusammenhänge mit den Themen soziale Ungleichheit und soziale Mobilität auf.[76] Dabei hängt das praktische Finanzwissen auch vom Haushaltseinkommen ab. Korzcak (2005) und Meier-Magistretti et al. (2013) haben herausgestellt, dass junge Erwachsene mit niedrigen Bildungsabschlüssen und geringen Einkommen ein höheres Risiko aufweisen, in eine Verschuldungssituation zu geraten.

3.3.1 Sozioökonomisch fundierte Bildungsangebote

Bei der Entwicklung von finanzieller Resilienz spielen Bildungsaspekte demnach eine ausschlaggebende Rolle. Die Relevanz der Verhaltensprävention und die Evidenz von Bildungsmaßnahmen ist inzwischen empirisch bestätigt.[77] Finanzielle Bildung kann nicht nur die allgemeine finanzielle Alphabetisierung verbessern, sondern auch die persönliche Selbstwirksamkeit, das Selbstvertrauen und die individuellen Fähigkeiten zur Problemlösung stärken. Bleibt hingegen die finanzielle Selbstwirksamkeit von Akteuren stets eingeschränkt, perpetuiert sich soziale Ungleichheit. In einer repräsentativen Erhebung des Marktforschungsinstituts Kantar im Auftrag des Beratungsdienstes »Geld und Haushalt« des Deutschen Sparkassen- und Giroverbands zum Thema Gelderziehung gaben Eltern mit geringem Einkommen an, dass sie sich selbst und ihre Kinder im Umgang mit Geld als weniger versiert einschätzen.[78]

Die Ergebnisse dieser Erhebung illustrieren den signifikanten Einfluss der finanziellen Lage von Familien auf das Finanzwissen der Familienmitglieder – und verdeutlicht einmal mehr, dass eine institutionalisierte finanzielle Bildung ein Gebot der Chancengleichheit und gesamtgesellschaftlich bedeutsam ist. Die Befragung von 1.409 Personen im Alter von 16 bis 25 Jahren offenbart, dass Eltern in wirtschaftlich stabilen Verhältnissen überwiegend angeben, ein hohes Finanzwissen (62 %) sowie ein ausgeprägtes Interesse an Finanzthemen (60 %) zu besitzen. Hingegen trifft dies in finanziell benachteiligten Familien lediglich auf eine Minderheit zu, wobei 43 % großes Interesse bekunden und nur 35 % sich als finanzkundig einschätzen.[79]

Finanzielle Bildung kann zu mehr Chancengerechtigkeit beitragen und im besten Fall soziale Ungleichheit abmildern. Im Jahr 2023 haben das Bundesbildungs- und das Bundesfinanzministerium Eckpunkte für die »Initiative Finanzielle Bildung« vorgestellt. Sie umfasst die Veröffentlichung einer Finanzbildungsplattform, Forschungsförderung sowie das Erarbeiten einer nationalen Finanzbildungsstrategie.[80] Um alle gesellschaftlichen Gruppen einzubeziehen – und diese auch zu erreichen – bedarf es einer konzertierten Aktion unter Einbeziehung aller Stakeholder. Doch nur wenn finanzielle Bildung sozioökonomisch fundiert vermittelt wird, können die Lebensverlaufsperspektive und unterschiedliche soziale Lagen der Akteure angemessen berücksichtigt werden; auch ermöglicht es die sozioökonomische Perspektive, »wertegeprägte Ebenen des biografischen Wissens und Lernens«[81] und damit non-kognitive Ebenen der Kompetenzentwicklung anzusteuern. Gleichzeitig ist die Verhältnisprävention und die Verbesserung struktureller Rahmenbedingungen nicht aus den Augen zu verlieren, um die Individualisierung sozialer Risiken nicht weiter fortzuschreiben. Dabei ist es von besonderer Bedeutung, verfestigte Ungleichheitsstrukturen aufzubrechen sowie das Bewusstsein für die Auswirkungen von existenziell schwierigen Lebenslagen hinsichtlich der Ausbildung von finanzieller Resilienz zu schärfen. Um die Selbstwirksamkeit von vulnerablen gesellschaftlichen Gruppen zu stärken, sind Betroffene auf ein breites Netz an unterstützenden Ressourcen angewiesen. Das von Größl et al. konzipierte Netzwerk »Finanzen im Lot« setzt auf die Vernetzung der verschiedenen Akteure und Angebote im Hilfe- und Unterstützungsbereich.[82] Dies kann die Bereitstellung von Bildungsangeboten, Ressourcen und Beratungsleistungen für Menschen in prekären Lebenslagen und finanziellen Schwierigkeiten umfassen.

3.3.2 Strategien zur Förderung der finanziellen Resilienz

Interventionen, die darauf abzielen, die finanzielle Selbstwirksamkeit und damit einhergehend die finanzielle Resilienz der Akteure zu stärken, können sich nicht nur individuell, sondern auch wirtschaftlich und gesellschaftlich positiv auswirken. Wie können Menschen nun in die Lage versetzt werden, ihren Lebensweg proaktiv zu gestalten, ein mündiges Verbraucherverhalten auszubilden, finanzielle Herausforderungen zu bewältigen, die eigenen finanzbiografischen Ressourcen auszubauen und ihre finanzielle Widerstandskraft zu stärken? Neben einer breiten ökonomischen und finanziellen Grundbildung sind sozioökonomische Bildungsinhalte zu adressieren, die auch die Einsicht in die eigene Geldsozialisation und Geldbiografie umfassen. Darüber hinaus sollten passgenaue Strategien entwickelt werden, um Unterstützung an zentralen Lebenspunkten bereitzustellen. Eine Lebensverlaufsperspektive, die individuelle Erfahrungen, Entscheidungen und Übergänge einbezieht, kann dabei helfen. Zur Stärkung der finanziellen Resilienz ist es entscheidend, Bildungs- und Beratungsformate zu gestalten, die Alltags- und Finanzkompetenzen fördern – etwa durch maßgeschneiderte Programme entlang der Bildungskette.

Ein positives Geldbewusstsein sollte bereits in der frühen Kindheit gefördert und in der Schule vertieft werden. Eltern, Lehrkräfte sowie Fachkräfte aus Familienbildung, Sozialer Arbeit und Jugendbildung spielen dabei eine zentrale Rolle, indem sie grundlegende Finanzkompetenzen vermitteln. Wie eingangs erwähnt, steht die Stärkung der Ressourcenorientierung im Mittelpunkt. Besonders wichtig ist es, finanzielle Bildung auch für sozioökonomisch benachteiligte Gruppen zugänglich zu machen. Führt die Bundesregierung die Initiative Finanzielle Bildung fort, kann sie zur Chancengerechtigkeit beitragen. Ein starker Verbraucherschutz und unterstützende soziale Strukturen – insbesondere zum Schutz vulnerabler Gruppen und zur Förderung der Bildungsmobilität – sind dabei entscheidend für die finanzielle Resilienz.

Starke soziale Unterstützungssysteme und verbesserte Rahmenbedingungen – insbesondere zum Schutz vulnerabler Gruppen und zur Förderung der Bildungsmobilität – sind essenziell für finanzielle Resilienz. Zukunftsängste, eingeschränkte Handlungsperspektiven und finanzielle Belastungen können die individuellen Handlungsspielräume derart einschränken, dass sich Resignation verfestigt. Fehlt die Aussicht auf eine reale Verbesserung der eigenen Lebens- und Einkommenssituation, gestaltet sich die Überwindung bestehender Ungleichheitsstrukturen besonders schwierig. Die Trendstudie Jugend in Deutschland beschreibt bei 14- bis 29-Jährigen eine tiefgreifende Verunsicherung und einen Vertrauensverlust in die Gestaltbarkeit ihrer Zukunft.[83] Werden jedoch Chancen sichtbar, und unterstützende Netzwerke gestärkt, wächst die Möglichkeit, Mut zu schöpfen, persönliche Ziele zu formulieren, Handlungsoptionen zu erweitern, neue Zuversicht zu gewinnen und Zukunftshoffnung zu entwickeln.

Neben der Bildung sollte auch die anwendungsorientierte Forschung weiter gestärkt werden. Besonders für die Förderung finanzieller Resilienz sind Best-Practice-Beispiele und praxisnahe Handreichungen wertvoll, um Fachkräften in Bildung und Beratung niedrigschwellige Zugänge für ihre Zielgruppen zu ermöglichen.[84] Fallstudien von Akteuren, die finanzielle Widerstandskraft entwickelt haben, veranschaulichen unterschiedliche Wege dorthin und zeigen, welche Rolle persönliche Erfahrungen und Lebensgeschichten dabei spielen. Schlüsselprojekte wie SILKYplus des Paritätischen Wohlfahrtsverbands Baden-Württemberg zur sozialen Inklusion von armutsbetroffenen und armutsgefährdeten Kindern und Jugendlichen, gehen den im Artikel beschriebenen Weg.[85] Sie verbessern materielle Rahmenbedingungen und schaffen Bildungs- sowie Unterstützungsangebote. Idealerweise fördern sie soziale Innovation und Nachhaltigkeit, indem sie neue Perspektiven eröffnen.

3.4 Ausblick

In einem sich ständig verändernden wirtschaftlichen Umfeld ist finanzielle Resilienz von entscheidender Bedeutung für die Lebensführung der Akteure und Akteurinnen. Finanzielle Resilienz strahlt positiv auf gesellschaftliche Ebenen aus, indem sie die Stabilität von Haushalten stärkt, das Wohlbefinden der Menschen fördert und die Gesamtwirtschaft widerstandsfähiger gegenüber Schocks macht. Haushalte stehen täglich einer Vielzahl von finanziellen Entscheidungen gegenüber, die – u. a. ausgelöst durch staatliche Deregulierungsprozesse – über die Jahre komplexer geworden sind. Zweifelsohne wird die Ausbildung von finanzieller Resilienz durch biografische Erfahrungen und Handlungen beeinflusst. Dennoch haben gerade die makroökonomischen Erfahrungen der letzten Jahre verdeutlicht, welche finanziellen Herausforderungen externe Schocks mit sich bringen können.

Der Mehrwert der biografieanalytischen Perspektive liegt darin, finanzielle Fähigkeiten und den Umgang mit Krisen sowohl im individuellen Lebensverlauf als auch im gesellschaftlichen Kontext zu betrachten. Diese Verknüpfung macht sie besonders wirkungsvoll. Zum einen ermöglicht dies Einblicke in die Entwicklung finanzieller Resilienz über die gesamte Lebensspanne – weit über eine punktuelle Analyse hinaus. Zum anderen lassen sich darauf basierend gezielte Policy-Empfehlungen ableiten, um sozialpolitische Rahmenbedingungen zu optimieren oder anzupassen.

Aprea et al. betonen in den Untersuchungsergebnissen zur finanziellen Vulnerabilität in der Coronakrise »die Notwendigkeit einer resilienzorientierten Sozialpolitik«, die einerseits die Eigeninitiative zur Vorsorge fördert und andererseits Bürgerinnen und Bürger vor unvorhergesehenen finanziellen Schocks schützt.[86] Wichtig ist, die Handlungsoptionen und Perspektiven benachteiligter Gruppen in Bezug auf finanzielle Selbstwirksamkeit und Resilienz zu stärken. Verfestigte Resignation in vulnerablen Gesellschaftsgruppen kann soziale Mobilität weiter einschränken, politische Partizipation verringern und Ungleichheit verstärken – Faktoren, die demokratische Strukturen gefährden können. Finanz- und sozioökonomische Bildungsangebote, ergänzt durch gezielte flankierende Beratung, können helfen, diese Muster zu durchbrechen. Sie vermitteln das nötige Wissen und die Fähigkeiten, um finanzielle Situationen bewusst zu steuern und zu verbessern und negativen Entwicklungen bzw. Verlaufskurven entgegenzuwirken. Die Förderung finanzieller Resilienz spielt dabei eine zentrale, auch präventive Rolle. Künftige Forschung zur finanziellen Resilienz könnte die beschriebenen Wechselwirkungen zwischen biografischen Ereignissen, individuellen Entscheidungen und sozialen Kontexten vertieft analysieren. Dies würde zu einem umfassenderen Verständnis beitragen, wie finanzielle Widerstandsfähigkeit entsteht und gefördert werden kann.

4

Finanzielle Resilienz im Alter: Sorglos in den Lebensabend!

Helmut Peters

Einleitung

Finanzielle Resilienz im Alter definiert die Fähigkeit, mit belastenden finanziellen Situationen erfolgreich umzugehen. Resilienz bedeutet in diesem Zusammenhang: Die eigene Widerstandskraft in finanziellen Dingen durch verschiedene Eigenschaften und Verhaltensweisen zu stärken. Durch ein besseres Bewusstsein für belastende Faktoren entwickeln resiliente Menschen Bewältigungsstrategien. Dies bedeutet besonders in den fortgeschrittenen Jahren, dass sich der Mensch rechtzeitig mit den veränderten Bedingungen nach der Verrentung auseinandersetzt. Wie hoch ist die Rente, wie hoch ist die Differenz zwischen Netto-Arbeitseinkommen und Netto-Rente, wie verändert sich die Ausgabenstruktur.

Der Begriff Resilienz wurde in der Psychologie entwickelt und kann sich auf viele verschiedene Lebensbereiche beziehen. Resilienz beschreibt die seelische Fähigkeit, ungünstige Lebensumstände und kritische Lebensereignisse zu meistern, ohne daran zu zerbrechen! Und nicht nur das, sondern Ziel einer stabilen Resilienz ist es, aus Krisen verstärkt hervorzugehen.[87] Der wichtigste Baustein zur Optimierung der Resilienz ist die Schulung der Achtsamkeit! Wie das in Bezug auf finanzielle Resilienz funktionieren kann, beschreiben wir weiter unten!

Aktuelle Zahlen und Entwicklungen

Die Absicherung im Alter steht auf verschiedenen Säulen. Da ist zum einen die gesetzliche Rente. Der Rentenwert[88] »beträgt aktuell 39,32 Euro«. Allerdings sinkt das Rentenniveau seit Jahren kontinuierlich! 2025 liegt das Rentenniveau bei 46 % des ursprünglichen Nettoeinkommens. Alle künftigen Generationen werden nicht genug Rente bekommen, um ausschließlich davon leben zu können. Darüber hinaus werden von der normalen Rente die Sozialabgaben (Kranken- und

Pflegeversicherung) abgezogen. Das Thema Altersarmut ist aktueller denn je[89]. »Altersarmut in Deutschland: Die Zahl der Betroffenen wächst.

Die Schuldenquote bei Personen ab 50 Jahren steigt weiter an[90]. Für die Betroffenen, häufig Frauen, ist diese Armut mit sehr vielen Einschränkungen, mit viel Leid und Entbehrung verbunden. Dem möchten wir mit unseren Gedanken entgegenwirken! Auch für Menschen, die nicht beizeiten vorgesorgt haben oder vorsorgen konnten, sprich: Geld auf die »hohe Kante« gelegt haben, bedeutet es nicht zwangsläufig das finanzielle Aus! Eine gute Vorbereitung ist dennoch von Vorteil – je früher, desto besser! Denn es ist nie zu spät, damit zu beginnen! Das Hamburger Institut für Finanzdienstleistungen (iff e.V.) arbeitet zurzeit an einer Studie zur Evaluation des Modellprojekts Sozialräumliche soziale Schuldnerberatung für Senior:innen.[91]

Verschiedene Maßnahmen können helfen, die finanzielle Resilienz zu optimieren. Merke: Es ist nie zu spät! Besser: Bereits früher an später denken!!

4.1 Budgetplanung

Falls noch nicht geschehen, erstellen Sie spätestens mit Eintritt in das Rentenalter einen Haushaltsplan! Dafür gibt es etliche kostenlose Vorlagen, z. B. vom Beratungsdienst Geld und Haushalt[92]! So erhalten Sie einen Überblick über Ihre Einnahmen und Ausgaben.

Als zweiten Schritt priorisieren Sie Ausgaben und identifizieren Sie Bereiche, in denen Sie sparen können. Gerade im Rentenalter verändern sich die Bedürfnisse. Für die Gesundheit müssen Sie möglicherweise mehr Geld ausgeben. Dafür reduzieren sich Ausgaben für Fahrtkosten – s. im nächsten Unterpunkt.

Darüber hinaus gibt es mit dem Rentenausweis evtl. auch in Verbindung mit einem Schwerbehindertenausweis, Vergünstigungen[93].

Mithilfe des Rentenausweises kann es Vergünstigungen für Rentner:innen in den folgenden Bereichen geben:

- *vergünstigte Eintrittspreise für Theater, Konzerte und Museen*
- *billigerer öffentlicher Nahverkehr und Hotels*
- *Vergünstigen bei Volkshochschulkursen, in Schwimmbädern und bei Sportvereinen*
- *in Freizeitparks und Gärten*

Immer mehr gibt es auch günstigere Preise für Rentner in Gaststätten und Geschäften. Gefragt nach dem Ausweis: Für Sie kein Problem, Sie können ihn vorlegen und Ihren Status als Rentner nachweisen.

Bitte beachten Sie, dass der Rentenausweis nur an Rentnerinnen und Rentner der gesetzlichen Rentenversicherung vergeben wird. Wenn Sie Leistungen aus der gesetzlichen Rentenversicherung beziehen, erhalten Sie den Ausweis automatisch mit Ihrem Rentenbescheid.

4.1.1 Die möglichen Veränderungen in der Ausgabenstruktur

Welche Ausgaben reduzieren sich oder lassen sich reduzieren?
Je nach Entfernung vom Arbeitsplatz fallen mit dem Eintritt in die Rente Fahrtkosten weg. Möglicherweise ändern sich auch Gewohnheiten, die ins Geld gehen: Auswärts essen gehen, Urlaubsreisen, Ausgaben für die Freizeit, etc.

Welche Ausgaben erhöhen sich?
An erster Stelle stehen hier oft Gesundheitskosten. Mit zunehmendem Alter fallen häufiger oder mehr und auch kostenintensivere Medikamente oder zusätzliche Kosten für Behandlungen an. Hinzukommen können Kosten für Pflege, für häusliche Pflegekräfte, für Umbaumaßnahmen, oder häusliche Unterstützung. Je nach Schweregrad ist möglicherweise die Unterbringung in einem Altenheim unabdingbar! Sie haben Anspruch auf Pflegegeld, dies reicht aber oft nicht aus, die anfallenden Kosten zu decken!!

Die Lebenshaltungskosten (Energie, Lebensmittel, etc.) steigen stetig. Diese Teuerungen können teilweise abgefedert werden z. B. durch den Wechsel des Anbieters bei Strom und Gas – z. B. über die Plattform www.finanztip.de, www.verivox.de oder www.check24.de, um nur die bekanntesten zu nennen.

Die Inanspruchnahme entsprechender Sozialleistungen (Grundsicherung, Wohngeld, ergänzende Sozialhilfe, etc.) kann vor allem dann greifen, wenn die Rente knapp ist. Viele scheuen den Weg zum Amt und leben von der Hand in den Mund. Holen Sie sich entweder Unterstützung im Internet[94]. Oder wenden Sie sich an die Stadt oder eine Beratungsstelle vor Ort: Caritas, Diakonie, DRK, etc.

Worauf Sie Anspruch haben und wie hoch der ist, ist von ihren persönlichen Lebensumständen abhängig. Ob es die Hilfe zum Lebensunterhalt ist, Wohngeld, Grundsicherung muss im Einzelfall geprüft werden.

Aber auch durch bewusstes Einkaufen und durch Nutzung verschiedener entlastender Angebote können Sie die Ausgaben verringern. Wann gehen Sie wo einkaufen? Vergleichen sie die Preise? In einigen Orten geben soziale Institutionen Listen heraus mit günstigen oder kostenlosen Angeboten in der Umgebung. Fragen Sie nach! Es gibt auch Initiativen, die Senioren kostenlos oder kostengünstig Hilfen im Haushalt anbieten. In einigen Städten gibt es einen Seniorenbeirat, der in der Regel bei der Stadt angesiedelt ist und Seniorinnen und Senioren in der Regel kostenlos Hilfe, Unterstützung und Beratung anbietet.

Eine weitere Möglichkeit bieten die teilweise ortsübergreifenden Tauschringe[95]. Hier wird nicht Geld, sondern hier werden Zeit, Fähigkeiten und Materialien, z. B. Selbstgebasteltes, getauscht!

Hier noch ein paar Ideen zu »Welche Ausgaben erhöhen sich«:

Pflege- und Unterstützungsdienste:

- *Falls Pflegebedürftigkeit eintritt, können Ausgaben für professionelle Pflegekräfte, Pflegeheime oder häusliche Unterstützung notwendig werden.*

Haushalts- und Reparaturkosten:

- *Ältere Menschen geben möglicherweise mehr Geld für Haushaltsreparaturen oder für Dienstleistungen aus, die den Alltag erleichtern (z. B. Reinigungskräfte, Handwerker).*

Freizeit und Reisen:

- *Wenn sich das Rentenalter etabliert, haben viele Menschen mehr Zeit für Reisen und Freizeitaktivitäten, was zu einer Erhöhung der Ausgaben für Urlaube und Ausflüge führen kann.*

Ergeben sich Veränderungen in der Partnerschaft?

Durch den Tod des Partners, der Partnerin oder die Trennung können sich Änderungen bei den Ausgaben ergeben.

Checken Sie Ihren **Versicherungsbedarf**! Welche Versicherungen sind (noch) notwendig oder müssen angepasst werden? Ganz klar ist die Entscheidung bei der Berufsunfähigkeitsversicherung! Im Alter braucht man sie nicht mehr!

Ein Muss ist dagegen die Privathaftpflichtversicherung. Wenn sie diese vorher noch nicht hatten, macht es Sinn, diese Versicherung für kleines Geld abzuschließen! Alle weiteren Versicherungen sollten spätestens jetzt auf den Prüfstand!

4.2 Schuldenabbau vor dem Ruhestand

Versuchen Sie, so viele Schulden wie möglich vor dem Ruhestand abzubauen, insbesondere hochverzinsliche Schulden! Sie fühlen sich damit überfordert? Sie haben hohe Schulden und sind bereits in Zwangsvollstreckungsmaßnahmen? Dann nehmen Sie eine kostenlose Schuldnerberatung in Anspruch. Adressen und weitere Informationen finden Sie im Internet auf der Homepage der Bundesarbeitsgemeinschaft Schuldnerberatung[96].

Oftmals sind Schulden ein Tabuthema. Viele Menschen schämen sich, schränken sich enorm ein, um nicht um Hilfe bitten zu müssen! Seit 2023 gibt es deshalb auch eine Initiative des Bundesministeriums für Umwelt, Naturschutz, nukleare Sicherheit und Verbraucherschutz (BMUV)[97]: Mehr Hilfe für überschuldete Seniorinnen und Senioren. Ausgebaut werden sollen dabei Angebote für aufsuchende Schuldnerberatung. Das Projekt an verschiedenen Standorten läuft bis zum 31. Dezember 2025. Eine Initiative ist in Leipzig gestartet. Die Diakonie hat ein Projekt an 10 verschiedenen Standorten gestartet.[98]

4.3 Bauen Sie einen Notfalltopf auf

Legen Sie Geld zurück, um unvorhergesehene Ausgaben abdecken zu können, ohne diese mit fremdem Geld finanzieren zu müssen! Je früher Sie damit beginnen, umso größer ist die Rücklage, auf die Sie im Notfall zugreifen können. Auch im Rentenbezug können Sie möglicherweise Geld in einen solchen Fonds einspeisen: Bei der (jährlichen) Rentenerhöhung können Sie den Teil der Erhöhung zurücklegen. Welche Anlageform(en) bieten sich an:

a. Tagesgeldkonto 3 x Nettorente
b. Keine Kontoüberziehungen!!
c. ETF (Empfehlung Finanztip!)

Zu a. Drei Mal Nettorente passt. Hier wäre nur wichtig, dass man vorher den Lebensstil angepasst hat. Am besten wären wahrscheinlich 5-6 Nettorenten, die man (falls man möchte oder muss) dann nach den ersten Jahren in der Rente, in denen sich das Leben an die neue Situation anpasst, entsprechend anpassen kann.

Zu b. Neue Schulden im Alter sollte man definitiv vermeiden. Ein Kreditrahmen ist absolut kein Notfalltopf. Der Dispo ist bekanntlich die Einstiegsdroge in die Überschuldung!

Zu c. Im Anschluss an die Bildung des Notfalltopfs ist es auch im Alter ratsam, sein Geld anzulegen. Aber sehr viel risikoärmer als in jungen Jahren! Man sagt ja (als ganz grobe Faustformel) 100 – das eigene Alter sollte die Aktienquote sein: 100 – 80 Jahre = 20 % des Vermögens in Aktien. Den Rest sollte man dann in schwankungsarme Anlageklassen wie Anleihen oder (abhängig) vom Alter Festgeld unterbringen, um bessere Zinsen als auf dem Tagesgeldkonto zu bekommen. Zu dem Thema gibt es im Finanztip-Forum eine ganz spannende Diskussion.[99]

4.4 Wohnsituation überprüfen

Überprüfen Sie Ihre Wohnsituation. Ist es sinnvoll, vor dem Ruhestand in eine kostengünstigere, vielleicht kleinere Wohnung umzuziehen? Wohnen Sie im eigenen Eigentum? Ist die Wohnung vielleicht zu groß? Können Sie sich vorstellen, einen Teil der Wohnung unterzuvermieten? Es gibt auch Wohnprojekte, wo Alte und Junge zusammenwohnen und sich gegenseitig unterstützen können. Ist das etwas für Sie?[100] Die Verbraucherzentrale gibt eine Fülle von Informationen zu verschiedenen Überlegungen rund um das Thema Wohnen: z. B. gute Gründe, eine neue Wohnung zu suchen, oder dort wohnen zu bleiben, wo man wohnt. In diesem Falle sollten Sie sich rechtzeitig Gedanken machen über barrierearmes Wohnen, sprich, für einen altersgerechten Umbau sorgen, etc.[101]

4.5 Nebeneinkünfte erzielen

Überlegen Sie, ob Sie zusätzliche Einnahmen durch Teilzeitarbeit, Beratung oder andere Tätigkeiten[102] (Minijob z. B.) erzielen können, um ihr Einkommen aufzubessern.

a. *Da weiterarbeiten, wo Sie bisher gearbeitet haben*
b. *Minijob – Vor- und Nachteile – für Sie, für den potenziellen Arbeitgeber (neuen Vertrag)*
c. *Sachen verkaufen; Ebay, Flohmarkt, Tauschbörse*

4.6 Sozialleistungen maximieren

Informieren Sie sich über alle Sozialleistungen und Renten, die Ihnen zustehen. Sorgen Sie dafür, dass Sie alle verfügbaren Vorteile in Anspruch nehmen! Auf der Sozialplattform finden Sie eine Übersicht über Sozialleistungen.[103]

4.7 Finanzielle Beratung einholen

Nehmen Sie kostenlose oder kostengünstige Angebote in Anspruch, um eine optimale Finanzstrategie für den Ruhestand zu entwickeln.

a. *Kostenlose Beratung: Rentenberatungsstelle*[104]
b. *Kostengünstige Beratung: Verbraucherberatung*
c. *Kurse VHS o. ä.*

4.8 Anpassung des Lebensstils

Passen Sie Ihren Lebensstil an die neuen finanziellen Gegebenheiten im Ruhestand an. Das bedeutet möglicherweise, sich bewusst für bescheidenere Ausgaben zu entscheiden.

4.9 Bildung und Informationen

Informieren Sie sich rechtzeitig über finanzielle Angelegenheiten im Alter und bleiben Sie auf dem Laufenden über staatliche Regelungen und Programme.
Ich wünsche Ihnen einen ganz entspannten und positiven Lebensabend!

5

Finanzielle Resilienz – eine lebensphasenorientierte Betrachtung

Carmela Aprea

Einleitung

In einer Welt voller Unsicherheiten – sei es durch wirtschaftliche Krisen, Veränderungen in Gesellschaft und Arbeitswelt oder persönliche Schicksalsschläge – wird die Fähigkeit, finanzielle Rückschläge zu bewältigen und sich davon zu erholen, zu einer zentralen Lebenskompetenz[105]. Diese Fähigkeit bezeichnet man als finanzielle Resilienz. Sie beschreibt, wie gut Menschen in der Lage sind, mit finanziellen Herausforderungen umzugehen, sich anzupassen und langfristig stabile Lebensverhältnisse zu sichern. Dabei ist finanzielle Resilienz kein statischer Zustand, sondern ein dynamischer Prozess, der sich über die gesamte Lebensspanne hinweg entwickelt und verändert. Diese lebensphasenorientierte Perspektive, die den gesamten Band durchzieht, wird im letzten Beitrag erneut aufgegriffen. Die Zielsetzung des Beitrags besteht darin, eine verbindende Klammer zwischen den vorangehenden Kapiteln zu schaffen und diese in den weiteren Forschungskontext zur finanziellen Resilienz und zur Finanzbildung einzuordnen.

Basierend auf aktuellen Ansätzen der Resilienzforschung[106] liegt dem Beitrag eine interaktionale Resilienzauffassung zugrunde. Diese versteht finanzielle Resilienz nicht als stabile Persönlichkeitseigenschaft, sondern als veränderliches Ergebnis des Zusammenspiels der finanziellen und psychischen Merkmale von Individuen mit ihren sozialen und strukturellen Lebenskontexten[107]. Daraus ergibt sich ein erweiterter Handlungsrahmen: Finanzielle Resilienz kann durch geeignete Finanzbildungs- und Beratungsangebote sowie durch soziale Unterstützungsstrukturen systematisch gefördert werden. Diese Auffassung grenzt sich damit ausdrücklich von individualisierenden Konzepten der sogenannten Ego-Resilience ab, die Resilienz als angeborenes und folglich unveränderbares Charakteristikum von Menschen begreifen. Dadurch erlaubt sie eine differenzierte Betrachtung von Verantwortlichkeits- und Handlungsebenen und trägt dazu bei, individuelle Zuschreibungen bei systemisch verursachten Risiken zu vermeiden – eine zentrale Kritik an früheren Resilienzkonzepten[108].

Darüber hinaus fußt der Beitrag auf entwicklungspsychologischen und ökonomischen Lebensphasenmodellen, so insbesondere auf dem Konzept der Entwicklungsaufgaben nach Havighurst (1972) sowie der Lebenszyklushypothese nach Modigliani und Brumberg (1954) bzw. deren verhaltensökonomischen Weiterentwicklungen durch Shefrin und Thaler (1988). Mit diesen Modellen lässt sich beschreiben, welchen typischen finanziellen Herausforderungen Menschen in verschiedenen Phasen ihres Lebens gegenüberstehen und was ihnen dabei hilft, vor diesem Hintergrund adäquate finanzielle Entscheidungen wie z. B. Arbeitsangebots-, Konsum-, Spar-, Investitions- oder Kreditentscheidungen zu treffen, um sich finanziell abzusichern und dadurch ihr finanzielles Wohlbefinden zu maximieren. In Anlehnung an diese Lebensphasenmodelle unterscheidet der Beitrag zwischen (1) Kindheit und Jugend sowie (2) frühem, (3) mittlerem und (4) höherem Erwachsenenalter. Für jede der vier Lebensphasen werden exemplarische Forschungsbefunde skizziert und mit Blick auf die finanzielle Resilienz sowie entsprechende Finanzbildungsmaßnahmen ausgewertet, wobei auch auf die Kapitel des vorliegenden Bandes Bezug genommen wird. Der Beitrag endet mit einem kurzen Fazit und Ausblick darauf, wie Praxis, Politik und Wissenschaft zusammenarbeiten können, um die finanzielle Resilienz der Menschen über alle Lebensphasen hinweg bestmöglich zu unterstützen.

5.1 Kindheit und Jugend: Der Grundstein finanzieller Resilienz

Finanzielle Resilienz wird nicht erst im Erwachsenenalter relevant, sondern hat ihre Wurzeln schon in den frühen Lebensphasen, also der Kindheit und Jugend, die üblicherweise die Altersspanne bis zum 18. Lebensjahr umfasst[109]. Hierbei spielen das familiäre Umfeld und die finanzielle Sozialisation eine zentrale Rolle. Die entwicklungspsychologische Forschung legt nahe, dass bereits Kinder im Grundschulalter implizite Vorstellungen über Geld, Wert und Konsum entwickeln[110]. Sie beobachten, wie in der Familie über Geld gesprochen wird, so beispielsweise, ob es als Stressfaktor oder als Gestaltungsmittel wahrgenommen wird. Wie unter anderem eine Studie von Fletcher & Wright (2024) zeigt, ist zudem entscheidend, ob Kinder bereits in jungen Jahren Erfahrungen mit eigenen finanziellen Mitteln machen können – etwa durch regelmäßiges Taschengeld, kleine Kaufentscheidungen oder altersgemäße Sparziele. Sie lernen dabei nicht nur finanzielle Grundkonzepte, sondern auch Selbstkontrolle, Belohnungsaufschub und Verantwortung. Diese Fähigkeiten gelten als wichtige Grundlagen für stabile finanzielle Handlungskompetenz im Erwachsenenalter[111].

Darüber hinaus zeigen strukturelle Studien, dass nicht alle Kinder und Jugendlichen dieselben sozioökonomischen Ausgangsbedingungen für die Entwicklung dieser relevanten Fähigkeiten haben. Beispielsweise weist eine schwedische Studie[112] darauf hin, dass finanzielle Deprivation in der Kindheit nicht nur unmittelbare Einschränkungen mit sich bringt, sondern langfristige Folgen für psychische

Gesundheit, Bildungswege und ökonomische Stabilität hat. Die Forschenden sprechen von »Chain-of-Risks«-Mechanismen, in denen soziale Benachteiligung kumuliert und sich über Generationen fortsetzt. Für Deutschland zeigen Schlimbach et al., 2024, dass Kinder aus einkommensschwachen Haushalten häufig von Angst, Scham oder Unsicherheit im Zusammenhang mit Geld berichten. Solche emotionalen Komponenten beeinflussen das spätere Verhalten in finanziellen Notlagen wiederum negativ. Die Befunde der strukturellen Studien unterstreichen damit eindrücklich, wie wichtig es für finanzielle Chancengleichheit und Teilhabe ist, dass qualitativ hochwertige Finanzbildung auch in Institutionen wie der Schule oder der Jugendarbeit angeboten wird, denn diese Institutionen erreichen potenziell alle Kinder und Jugendlichen, und somit auch solche, die unter ungünstigeren familiären Bedingungen aufwachsen.

In den frühen Lebensphasen geht es weniger um finanzielle Selbständigkeit oder um finanzielles Spezialwissen, sondern vielmehr um den Aufbau eines grundlegenden Verständnisses: Was ist Geld? Wie funktionieren Märkte? Warum sparen Menschen? Was ist ein Bedürfnis – und was nur ein Wunsch? Dabei sollte finanzielle Bildung in diesem Alter spielerisch und alltagsnah erfolgen. Schon anhand einfacher Budgetierungsaufgaben – etwa dem Verwalten des eigenen Taschengelds – können wichtige Fähigkeiten wie Selbstkontrolle, Planungskompetenz und Entscheidungsfähigkeit gefördert werden[113]. Ein elaboriertes Beispiel, wie Finanzbildungsmaßnahmen für Jugendliche aussehen können, liefert der Beitrag von Jacob Risse im Kapitel 2 dieses Buches. Wie der Autor hervorhebt, profitieren Kinder und Jugendliche von einem Umfeld, das den Umgang mit Geld nicht tabuisiert, sondern offen und reflektiert thematisiert. Zudem ist es wichtig, mit ihnen auf Augenhöhe zu kommunizieren und ihnen zu ermöglichen, in einem geschützten Rahmen Fehler zu machen und aus diesen zu lernen.

5.2 Frühes Erwachsenenalter: Finanzielle Resilienz in einer Phase von Transition und Vulnerabilität

Das frühe Erwachsenenalter, also die Zeit zwischen der Volljährigkeit und etwa dem 30. Lebensjahr[114], stellt eine zentrale Phase der finanziellen Entwicklung dar, in der junge Menschen erstmals eigenständig finanzielle Entscheidungen treffen. Dazu zählen insbesondere die Ausbildungs- oder Studienwahl, der Eintritt in den Arbeitsmarkt, der Kauf eines eigenen Autos oder die erste eigene Wohnung sowie der Abschluss erster Versicherungen[115]. Auch langfristige finanzielle Verhaltensweisen werden in dieser Phase geprägt: Der Umgang mit Studienkrediten oder Konsumschulden, die Entscheidung für (oder gegen) den Aufbau eines Notgroschens und der Einstieg in die Altersvorsorge haben langfristige Auswirkungen auf finanzielle Sicherheit im mittleren und höheren Erwachsenenalter[116]. Zugleich ist diese Lebensphase von Übergangserfahrungen, instabilen Einkommensverhältnissen, begrenzten finanziellen Ressourcen und damit insgesamt von hoher Unsicherheit geprägt, was sie zu einem kritischen Prüfstein für finanzielle

Resilienz macht[117]. Erschwerend kommt hinzu, dass die finanzielle Kompetenz in dieser Altersgruppe besonders niedrig ausgeprägt ist. Selbst in Deutschland, wo die Gesamtbevölkerung in internationalen Vergleichsstudien verhältnismäßig gut abschneidet[118], sind grundlegende finanzielle Kenntnisse – etwa zu Zinsen, Inflation oder Risiko – bei jungen Erwachsenen oft nur lückenhaft vorhanden[119]. Wie verhaltensökonomische Studien zeigen, neigen junge Erwachsene zudem dazu, Zukunftsrisiken systematisch zu unterschätzen[120]. Dies erschwert informierte Entscheidungen in Bereichen wie Mietverträgen, Konsumfinanzierungen oder der Auswahl von Versicherungs- und Altersvorsorgeprodukten. Ferner weisen Angehörige dieser Altersgruppe eine hohe Ver- und Überschuldungsquote bei Telekommunikationsunternehmen sowie im Onlinehandel auf[121].

Geringe finanzielle Ressourcen gepaart mit fehlender Finanzkompetenz und verzerrten Risikowahrnehmungen sind der Grund, weshalb junge Erwachsene nicht nur besonders anfällig für finanzielle Fehlentscheidungen sind, sondern ebenso für das Empfinden von finanziellem Stress. So zeigt beispielsweise die aktuelle Trendstudie »Jugend in Deutschland 2025«, dass finanzielle Sorgen angesichts von Inflation, teurem Wohnraum und Altersarmut zu hoher Unzufriedenheit der jungen Generation mit ihrer Lebenssituation führen[122]. Weitere Forschungsbefunde legen zudem nahe, dass die Herkunftsfamilie auch in dieser Lebensphase der zentrale soziale und finanzielle Schutzfaktor bleibt[123]. Bedeutsam sind zudem informelle Netzwerke im erweiterten sozialen Nahbereich, zu dem neben dem Freundeskreis auch Menschen im Bildungs- und Arbeitskontext gehören[124] ebenso wie formelle Unterstützungsstrukturen, etwa durch BAföG, Wohnzuschüsse oder Schuldnerberatung[125]. Ferner scheinen sich sozioökonomische Ungleichheiten weiterhin fortzusetzen. Wie etwa eine Studie des Pew Research Center (2024) zeigt, ist ein großer Teil junger Erwachsener noch nicht vollständig finanziell unabhängig. Nur 45 % geben an, ohne elterliche Unterstützung auszukommen. Dies verweist auf einen verzögerten Übergang zur finanziellen Eigenverantwortung, insbesondere in sozioökonomisch belasteten Haushalten. Zentrale Aspekte der Finanzbildung in dieser Lebensphase sind grundlegende Kompetenzen zu Budgetierung und Ausgabenkontrolle, zum Aufbau eines Notgroschens sowie zur Vermeidung übermäßiger Schulden. Relevant sind zudem erste Schritte in die Altersvorsorge (z. B. über ETF-Sparpläne oder betriebliche Angebote) einschließlich fundierter Kenntnisse über das Alterssicherungssystem in Deutschland. Fundierte Ideen zur didaktischen Umsetzung vor allem des letztgenannten Aspekts, finden sich ebenfalls im bereits zitierten Beitrag von Jacob Risse (Kapitel 2 in diesem Band). Ein weiteres zentrales Themenfeld im Rahmen von Finanzbildungsangeboten für junge Erwachsene ist der adäquate Umgang mit digitalen Finanztools sowie mit Finanzinformationen in den sozialen Medien[126].

5.3 Mittleres Erwachsenenalter: Finanzielle Resilienz im Spannungsfeld von Familiengründung und Management von Lebensrisiken

Die Lebensphase zwischen dem 30. und etwa dem 60. Lebensjahr wird als mittleres Erwachsenenalter bezeichnet. Sie ist meist durch die folgenden fundamentalen finanziellen und sozialen Veränderungen geprägt: Partner- und Elternschaft, gegebenenfalls Kauf von Wohneigentum, Kindererziehung und beruflicher Aufstieg. Zwar steigt in dieser Phase typischerweise das Einkommen und wird stabiler, gleichzeitig wachsen aber auch die finanziellen Verpflichtungen wie etwa die Sicherung des Familienunterhalts, die mittel- und langfristige finanzielle Vorsorge, die Bedienung von Krediten sowie unter Umständen auch die finanzielle Unterstützung von älteren Familienangehörigen[127]. Dementsprechend finden sich viele Menschen in dieser Phase in einer finanziellen »Sandwich-Position« wieder. Ebenso verschränken sich hier häufig finanzielle mit sozialen, emotionalen oder gesundheitlichen Lebensrisiken, beispielsweise durch Jobverlust, Trennung bzw. Scheidung oder Krankheit[128]. Zudem zeigen Studien zur Finanzstabilität, dass Menschen in diesem Lebensabschnitt besonders durch Einkommens- und Vermögensschocks aufgrund von makroökonomischen Krisen betroffen sind, vor allem dann, wenn Risiken sich akkumulieren, wie dies beispielsweise bei Alleinerziehenden, Menschen in prekären Beschäftigungsverhältnissen oder Arbeitslosen der Fall ist[129]. Auch in der mittleren Lebensphase verstärken sich somit bestehende soziale Ungleichheiten. Wie Birgit Happel im Kapitel 3 dieses Bandes eindrücklich herausgearbeitet hat, gilt dies besonders für Frauen. Sie sind häufiger mehrfachen finanziellen Risiken ausgesetzt – vor allem durch strukturelle Ungleichheiten wie Lohnlücken, geschlechterstereotype Berufswahl und eine ungleiche Verteilung von Sorgearbeit. Viele Frauen arbeiten in Teilzeit, unterbrechen ihre Erwerbsbiografie für Kinder oder Pflege und erwerben dadurch geringere Rentenansprüche. Dementsprechend sind viele Frauen in dieser (und späteren) Lebensphase finanziell abhängig oder können keine ausreichende Vorsorge treffen. Der Beitrag von Birgit Happel verweist zudem auf die hohe Heterogenität der Lebenslagen auch innerhalb einer Altersgruppe. Dies legt es nahe, die lebensphasenorientierte Betrachtung durch eine biografische Perspektive zu ergänzen, wie sie von der Autorin vorgestellt wird.

Die hohe Risikoprävalenz im mittleren Erwachsenenalter geht häufig mit ausgeprägtem finanziellem Stressempfinden einher, oftmals ausgelöst durch hohe Ver- bzw. insbesondere Überschuldung. Wie aktuelle Literaturübersichten[130] verdeutlichen, geht dies nicht nur mit negativen Folgen für Psyche und Gesundheit der Betroffenen und ihren Angehörigen einher, sondern ist aufgrund niedrigerer Arbeitsproduktivität und höherer Gesundheitskosten auch mit Problemen für Unternehmen und Gesamtwirtschaft verbunden.

Die finanzielle Lage von privaten Haushalten in der mittleren Lebensphase beleuchtet auch der Beitrag von Heide Preuße, Stefanie Bödecker und Birgit Bürkin in Kapitel 1 dieses Bandes. Dabei gehen die Autorinnen davon aus, dass Finanzbildung substanziell zur finanziellen Resilienz von privaten Haushalten beitragen kann. Diese Annahme wurde beispielsweise in einer Studie von Liu et al. (2024) bekräftigt, die zeigt, dass finanzielle Bildung mit der Fähigkeit korreliert, ökonomische Schocks – etwa durch Jobverlust oder Krankheit – besser zu absorbieren und sich schneller davon zu erholen. Wichtige Themen für die Finanzbildung in dieser Lebensphase sind beispielsweise strategische Haushaltsführung trotz steigender Ausgaben, klare Prioritäten zwischen Konsum, Rücklagen und Investitionen, Aufbau von Reserven gegen berufliche Ausfälle, flexible berufliche Strategien sowie regelmäßige Überprüfung und Anpassung der Altersvorsorge. Heide Preuße und Kolleginnen heben aber auch hervor, dass Finanzbildung nur ein Baustein für den Aufbau der finanziellen Resilienz von Haushalten sein kann und durch geeignete Informations- und Beratungsangebote flankiert werden muss. Insbesondere in finanziellen Notfall- und Krisensituationen ist davon auszugehen, dass Betroffene erst dann von Finanzbildungsmaßnahmen profitieren können, wenn ihre finanzielle und psychische Lage stabilisiert werden kann[131].

5.4 Höheres Erwachsenenalter: Finanzielle Resilienz angesichts von Konsolidierung und Renteneintritt

Das höhere Erwachsenenalter, das etwa ab dem 60. Lebensjahr beginnt, ist erneut von tiefgreifenden ökonomischen und sozialen Veränderungen geprägt. Die Kinder sind meist aus dem Haus, die Schulden (z. B. Immobilienkredit) idealerweise abbezahlt, und das Einkommen hat seinen Höhepunkt erreicht. Zudem steht die Beendigung der Erwerbstätigkeit bevor oder altersbedingte gesundheitliche Einschränkungen führen zu einer Neujustierung der Lebensführung, auch im finanziellen Bereich. Vor dem Hintergrund des demographischen Wandels und damit einhergehenden Herausforderungen für die umlagefinanzierten gesetzlichen Altersvorsorgesysteme rückt die Frage nach der finanziellen Resilienz in dieser Lebensphase verstärkt in den Fokus[132].

Kurz vor oder mit dem Eintritt in den Ruhestand stehen viele ältere Erwachsene vor der Herausforderung, ihre finanziellen Ressourcen zu konsolidieren und langfristig abzusichern. Diese Phase ist von einer Reihe komplexer Entscheidungen geprägt, die maßgeblich für die finanzielle Resilienz im Alter sind[133]. Dazu zählen etwa der gewählte Zeitpunkt des Rentenbezugs, die Einschätzung und Anpassung laufender Ausgaben, um Engpässe zu vermeiden, sowie der Umgang mit Altersvorsorgevermögen – etwa durch Entnahmepläne oder eine Umschichtung in risikoärmere Anlagen. Hinzu kommen Entscheidungen zur Vorsorge im Krankheitsfall sowie, zur Bildung von Rücklagen für weitere unerwartete Belastungen (z. B. Reparaturen, Pflege), zur Wohnsituation (Verbleib im Eigenheim, altersgerechter Umbau oder Umzug in betreutes Wohnen) sowie zur Nachlassplanung und Vermögensweitergabe.

Wie in den anderen Lebensphasen ist auch die Lebenssituation älterer Menschen durch Heterogenität gekennzeichnet. Einerseits profitieren viele Personen von jahrzehntelanger Erwerbstätigkeit und einem gesicherten Rentenzugang, andererseits ist ein wachsender Anteil älterer Menschen von Altersarmut betroffen. Laut dem 6. Armuts- und Reichtumsbericht der Bundesregierung[134] ist knapp jeder sechste Mensch über 65 in Deutschland armutsgefährdet – mit steigender Tendenz. Dabei weisen insbesondere Frauen, Personen mit unterbrochenen Erwerbsbiografien und solche mit Migrationshintergrund ein höheres Risiko für Altersarmut auf[135]. Die Ursachen liegen häufig in niedrigeren Erwerbseinkommen, Teilzeitarbeit, fehlender betrieblicher Altersvorsorge sowie Sorgearbeit, die nicht rentenwirksam ist. Ferner kommt auch in dieser Lebensphase erschwerend hinzu, dass – ähnlich wie im frühen Erwachsenenalter – die Finanzkompetenz von älteren Menschen eher niedrig ausgeprägt ist[136]. Wie eine Studie von Lusardi et al. (2018) zeigt, nimmt die finanzielle Entscheidungsfähigkeit im Alter tendenziell ab. Zudem schätzen nicht alle älteren Menschen ihre Rentenansprüche, ihre Lebenserwartung, künftige Ausgaben oder Pflegebedarfe richtig ein. Dadurch werden Vorsorgebeiträge zu niedrig angesetzt oder der Ruhestand zu früh anvisiert.

Die Phase des höheren Erwachsenenalters wird im Beitrag von Helmut Peters im Kapitel 4 dieses Bandes ausführlich thematisiert. Vor dem Hintergrund der aktuellen Situation von älteren Menschen in Deutschland werden in diesem Kapitel Empfehlungen abgeleitet, wie Individuen mit der veränderten finanziellen Situation im Ruhestand umgehen können. Die Bedeutung solcher individuellen Verhaltensanpassungen ist kaum zu überschätzen. Wie eine aktuelle Studie von Grages und Och (2024) zeigt, spielen für Menschen mit geringem Einkommen jedoch auch soziale Ressourcen in Form von familiärer, zivilgesellschaftlicher und öffentlicher Unterstützung (Geld- und Sachleistungen) eine wichtige Rolle bei der Bewältigung von Altersarmut.

5.5 Fazit und Ausblick

Basierend auf einer interaktionalen Resilienzauffassung, welche finanzielle Resilienz als veränderliches Ergebnis des Zusammenspiels der Merkmale von Individuen mit ihren Lebenskontexten versteht, sowie ausgehend von entwicklungspsychologischen und ökonomischen Lebensphasenmodellen, die beschreiben, welchen typischen finanziellen Herausforderungen Menschen in verschiedenen Phasen ihres Lebens gegenüberstehen und was ihnen dabei hilft, adäquate finanzielle Entscheidungen zu treffen, wurden in diesem Beitrag für die Kindheit und Jugend sowie das frühe, das mittlere und das höhere Erwachsenenalter exemplarische Forschungsbefunde skizziert und mit Blick auf die finanzielle Resilienz sowie entsprechende Finanzbildungsmaßnahmen ausgewertet, wobei auch auf die Kapitel des vorliegenden Bandes Bezug genommen wurde. Die Ausführungen sollten deutlich gemacht haben, dass die einzelnen Lebensphasen Übergänge darstellen, die sich substanziell im Hinblick auf finanzielle Herausforderungen und damit verbundene finanzielle Risiken unterscheiden. Zudem legen die skizzierten Befunde nahe, dass Finanzkompetenz und finanzielle Resilienz nicht nur eine Frage individueller Persönlichkeitsmerkmale sind, sondern eng mit familiären, sozialen und strukturellen Rahmenbedingungen verwoben sind.

Um die finanzielle Resilienz von Menschen über alle Lebensphasen hinweg wirkungsvoll zu stärken, bedarf es eines koordinierten Zusammenwirkens von Praxis, Politik und Wissenschaft. Für die einzelnen Lebensabschnitte sollten phasenspezifische Maßnahmen evidenzbasiert entwickelt und implementiert werden, die sowohl individuelle Kompetenzen fördern als auch strukturelle Rahmenbedingungen verbessern. Die Wissenschaft kann hier durch fundierte Analysen von Risikolagen, Lebensverläufen und Bildungsbedarfen Orientierung bieten sowie die Wirksamkeitsevaluation der Maßnahmen begleiten. Die Praxis – insbesondere Bildungsakteure, Sozialberatung und Finanzdienstleistungen – kann zielgruppenadäquate Unterstützungsangebote gestalten und erproben. Die Politik ist gefordert, die dafür notwendigen institutionellen und finanziellen Rahmenbedingungen zu schaffen sowie soziale Ungleichheiten abzubauen, die finanzielle Resilienz systematisch untergraben. Nur durch eine enge Verzahnung dieser drei Ebenen lassen sich resilienzfördernde Bedingungen schaffen, die Menschen in ihrer finanziellen Selbstbestimmung, Handlungsfähigkeit und Sicherheit nachhaltig stärken – unabhängig von Alter, Geschlecht oder sozialer Herkunft.

Literaturverzeichnis

Kapitel 1

Bödeker Stefanie; Bürkin, Birgit; Dörr, Korina; Groh, Sylvia, Heeren, Christiane; Kustermann, Waltraud; Preuße, Heide; Witt, Manuela (2022): Handbuch für die Budgetberatung. https://haushalt-wissenschaft.de/handbuchbudgetberatung/ DOI: 10.23782/HUW_13_2022

Deutscher Kinderschutzbund, Bezirksverband Frankfurt e. V. (Hg.) (2022): Frankfurt kann günstig. Kostenfreie und günstige Angebote in Frankfurt am Main. kinderbuero-frankfurt.de/index.php/498-frankfurt-kann-guenstig (zuletzt aufgerufen am 11.02.2024)

Fröhlich-Gildhoff, Klaus; Rönnau-Böse, Maike (2017): Resilienz. In: Fachlexikon der sozialen Arbeit, hrsg. vom Deutschen Verein für öffentliche und private Fürsorge. 8. Aufl., Nomos Baden-Baden, S. 718

Fröhlich-Gildhoff, Klaus; Rönnau-Böse, Maike (2022): Resilienz. 6. Aufl., München, Ernst Reinhardt Verlag München

FSA (Financial Services Authority, Ed.) (2005): Measuring financial capability: an exploratory study. (Consumser Research 37), www.bristol.ac.uk/medialibrary/sites/geography/migrated/documents/pfrc0510.pdf (zuletzt aufgerufen am 07.02.2024)

Heller, Jutta (2015): Die sieben Schlüssel der Resilienz. Die Säule H. 1/, S. 6-9 jutta-heller.de/wp-content/uploads/2017/02/4.pdf (zuletzt aufgerufen am 07.02.2024)

Heller, Jutta (Hrsg.) (2019): Resilienz für die VUCA-Welt. Individuelle und organisationale Resilienz entwickeln. Springer Fachmedien Wiesbaden, 3-658-21044-1 (eBook), DOI: 10.1007/978-3-658-21044-1

Kölbel, Andrea; Erckrath, Melanie (2023): Resilienz: Zur Einordnung eines allgegenwärtigen Begriffs. In: Wittpahl, Volker (Hrsg.): Resilienz. Leben - Räume - Technik. lit-Themenband. Springer Vieweg Berlin, S. 11-24, DOI: 10.1007/978-3-662-66057-7

Leipold, Bernhard (2015): Resilienz im Erwachsenenalter. Ernst Reinhardt Verlag München

Nibud (Nationaal Instituut voor Budgetvoorlichting, Hg.) (2018): Competencies for financial resilience. www.nibud.nl/about-nibud/ (zuletzt aufgerufen am 07.02.2024)

Preuße, Heide (2024): Verschuldung aus haushaltsökonomischer Perspektive. In: Müller, Marion, Pfeil, Patricia, Mattes, Christioph: Handbuch Überschuldungsforschung. Nomos Baden-Baden, S. 253-266

Kapitel 2

Meyer, Lars (2019): Zukunft gestalten in demokratisch-solidarischer Verständigung, Uni Köln

Reich, K. (2008): Konstruktivistische Didaktik. Beltz, Weinheim

Jungk, R./Müllert, N. (1981): Zukunftswerkstätten, Hoffmann und Campe, Hamburg.

Kapitel 3

Alheit, Peter (1995): »Biographizität« als Lernpotential: Konzeptionelle Überlegungen zum biographischen Ansatz in der Erwachsenenbildung. In: Krüger, Heinz-Hermann;

Aprea, Carmela; Bucher-Koenen, Tabea; Cziriak Marius; Gilan Donya (2021): Finanzielle Verluste und sozialpolitische Unterstützung von Haushalten in der Corona-Krise, Eine Befragung der deutschen Erwerbsbevölkerung ab 30 Jahren während des zweiten Lockdowns im Dezember 2020 bis Januar 2021. ZEW-Kurzexpertise, 21-14.

Aprea, Carmela; Bucher-Koenen, Tabea; Cziriak, Maris; Gilan, Donya; Hahad, Omar; Lohner, Max Simon (2022): Finanzielle Vulnerabilität in der Coronakrise: Auslöser, Risikofaktoren, finanzielles Anpassungsverhalten und Inanspruchnahme sozialpolitischer Unterstützung. DIFIS-Impuls, 2022(6).

Apitzsch, Ursula (2003): Biographieforschung. In: Orth, Barbara; Schwietring, Thomas; Weiß, Johannes (Hrsg.): Soziologische Forschung: Stand und Perspektiven, S. 95-110. Leske und Budrich: Opladen.

Beratungsdienst Geld und Haushalt (2023): Wie eine gute Gelderziehung vom Geld abhängt. Pressemitteilung vom 10.01.2023. Berlin. https://www.geldundhaushalt.de/pressemitteilungen/wie- eine-gute-gelderziehung-vom-geld-abhaengt/ (aufgerufen am 10.10.2023).

Bock-Famulla, Kathrin; Girndt, Antje; Berg, Eva; Vetter, Tim; Kriechel, Ben (2023): Fachkräfte-Radar für KiTa und Grundschule 2023. Bertelsmann Stiftung: Gütersloh.

Bundesministerium für Arbeit und Soziales (BMAS) (2021): Lebenslagen in Deutschland. Der sechste Armuts- und Reichtumsbericht der Bundesregierung. Kurzfassung. Berlin.

Cziriak, Marius (2022): Households‘ Financial Fragility During the COVID-19 Pandemic in Germany. ZEW Discussion Paper, 22–070.

Dausien, Bettina (1994): Biographieforschung als »Königinnenweg«? In: Diezinger, Angelika; Kitzer, Hedwig; Anker, Ingrid. u. a. (Hrsg.): Erfahrung mit Methode: Wege sozialwissenschaftlicher Frauenforschung, S. 129–153. Kore: Freiburg.

Dausien, Bettina (1996): Biographie und Geschlecht: zur biographischen Konstruktion sozialer Wirklichkeit in Frauenlebensgeschichten. Donat: Bremen.

Deutscher Gewerkschaftsbund (2025): Wie unabhängig sind Frauen in Deutschland? Zur Bedeutung existenzsichernder Beschäftigung für die wirtschaftliche Unabhängigkeit von Frauen. Berlin.

Egger, Josef W. (2020): Selbstwirksamkeit und Selbstwirksamkeitserwartung – ein wirkmächtiges kognitives Konstrukt für gesundheitliches Verhalten. Psychologie in Österreich 2020, 40 (5), S. 327-335.

Elder, Glen H.; Shanahan, Michael J. (2007). The life course and human development. In R. M. Lerner (Ed.), Handbook of Child Psychology (Vol. 1, S. 665-715). Wiley. https://doi.org/10.1002/9780470147658.chpsy0112 (aufgerufen am 01.12.2023).

Größl, Ingrid; Happel, Birgit; Peters Sally (2020): Guter Umgang mit Geld. Finanzielle Kompetenz für alleinerziehende Frauen in prekären Lebenslagen. Broschüre. institut für finanzdienstleistungen (iff) Hamburg im Auftrag des Ministeriums für Soziales, Gesundheit, Integration und Verbraucherschutz des Landes Brandenburg.

Größl, Ingrid; Happel, Birgit; Peters Sally (2022): Die Bedeutung von Finanzdienstleistungen für die Lebenslage von Familien in herausfordernden Finanzsituationen. Broschüre und Abschlussbericht. institut für finanzdienstleistungen (iff) Hamburg im Auftrag des Ministeriums für Soziales, Gesundheit, Integration und Verbraucherschutz des Landes Brandenburg.

Grohmann, Antonia; Menkhoff, Lukas (2015): Schule, Eltern und finanzielle Bildung bestimmen das Finanzverhalten. DIW Wochenbericht Nr. 28/2015, S. 655-661.

Happel, Birgit (2017): Geld und Lebensgeschichte. Eine biografieanalytische Untersuchung. Campus: Frankfurt/ New York.

Happel, Birgit (2023): Auf Kosten der Mütter. Warum finanzielle Selbstbestimmung für Frauen mit Familie so wichtig ist. Kösel: München.

Happel, Birgit (2024a): Finanzielle Bildung – Konzepte, Handlungsansätze und Diskurse. In: Pfeil; Müller; Mattes (Hrsg.): Überschuldungsforschung. Handbuch für Wissenschaft und Praxis. Nomos: Baden-Baden.

Happel, Birgit (2024b): Humane Ökonomie im Licht der ökonomischen Situation von Frauen – ein Beitrag aus der Bildungs- und Beratungspraxis. In: Tafner et al. (Hrsg.): Humane Ökonomie – selbstverständlicher Auftrag sozioökonomischer Bildung und Wissenschaft oder sozialromantische Utopie? BIBB Publikation. Barbara Budrich

Happel, Birgit; Peters, Sally (2024): Finanzbildung: Eine Aufgabe für Erwachsenenbildung und Soziale Arbeit. In: Wirtschaft(en) lernen. EB Erwachsenenbildung Vierteljahresschrift für Theorie und Praxis Heft 4, 70. Jg.

Happel, Birgit; Peters, Sally, Schlembach, Julia (2025): Finanzielle Soziale Arbeit: Ein Schlüssel zur finanziellen Inklusion und sozialen Teilhabe. iff Überschuldungsradar. iff Hamburg

Haubl, Rolf (2004): Das Tabu brechen: Gemeinsam über Geld sprechen. In: Gruppendynamik und Organisationsberatung, 35/3, S. 291-306. VS Verlag für Sozialwissenschaften: Wiesbaden.

Haubl, Rolf (2010): Geld regiert die Welt – die Außen- und die Innenwelt. In: Freie Assoziation. Zeitschrift für das Unbewusste in Organisation und Kultur 13/3, S. 43-57. Psychosozial-Verlag: Gießen.

Haubl, Rolf (2019): Geld – Traum und Albtraum. Rüstzeug für den selbstkritischen Gebrauch. Vandenhoeck & Ruprecht: Göttingen.

Hock, Beate; Holz, Gerda; Wüstendörfer, Werner (2017): Folgen familiärer Armut im frühen Kindesalter – Eine Annäherung anhand von Fallbeispielen. Hrsg. von Institut für Sozialarbeit und Sozialpädagogik. Frankfurt: ISS, 2. Auflage 2017.

Hoerning, Erika M. (1995): Biographische Ressourcen und sozialer Wandel. In: Berger, P. A./Sopp, P. (Hrsg.): Sozialstruktur und Lebenslauf, S. 235–252. Leske und Budrich: Opladen.

Hünefeld, Lena; Dötsch, Mareike (2023): Berufliche Geschlechtersegregation. Die Arbeits- und Gesundheitssituation von Frauen und Männern in geschlechter-segregierten und -integrierten Berufen. Bundesanstalt für Arbeitsschutz und Arbeitsmedizin. DOI: 10.21934/baua:fokus20230324 (aufgerufen am 01.02.2024).

Johnson, Eric J.; Goldstein, Daniel (2003). Do defaults save lives? Science, 302(5649), S. 1338-1339. https://www.science.org/doi/10.1126/science.1091721 (aufgerufen am 01.12.2023).

Kaiser, Tim; Menkhoff, Lukas (2021): Maßnahmen zur finanziellen Bildung wirken – Deutschland sollte nationale Strategie für finanzielle Bildung entwickeln. DIW Wochenbericht Nr. 38/2021. https://www.diw.de/documents/publikationen/73/diw_01.c.825297.de/21-38-1.pdf (aufgerufen am 15.11.2023).

Klingenberger, Hubert; Ramsauer, Erika (2017): Biografiearbeit als Schatzsuche. Grundlagen und Methoden. Für Erwachsenenbildung und Beratung. Don Bosco: München.

Korczak, Dieter (2005): Pilotstudie zur Überschuldung junger Erwachsener. In: Schuldenkompass 2005. Empirische Indikatoren der privaten Ver- und Überschuldung in Deutschland, S. 159–172. Wiesbaden.

Korczak, Dieter (2006): Überschuldung im Kontext der Modernisierung. In: Ders. (Hg.): Geld und andere Leidenschaften. Macht, Eitelkeiten und Glück, S. 153–179. Assanger: Kröning.

Kuhlmann, Carola (2008): Bildungsarmut und die soziale „Vererbung" von Ungleichheiten. In: Huster, Ernst-Ulrich; Boeckh, Jürgen; Mogge-Grotjahn, Hildegard (Hrsg.): Handbuch Armut und Soziale Ausgrenzung, S. 301-319. VS Verlag für Sozialwissenschaften: Wiesbaden.

Lusardi, Annamaria; Mitchell, Olivia S. (2011). Financial literacy and planning: Implications for retirement wellbeing. In Lusardi & Mitchell (Eds.): Financial literacy: Implications for retirement security and the financial marketplace, S. 17-39. University Press: Oxford.

Mattes, Christoph (2010): Einführung – Armut ohne Ausweg? In: Mattes, Christoph (Hrsg.): Armut ohne Ausweg. Sozialberatung im aktivierenden Sozialstaat, S. 5-10. Lambertus: Freiburg.

Meier-Gräwe, Uta (2010): Gedeihen trotz widriger Umstände!? Förderung von Resilienz bei armen Kindern und Jugendlichen. In: Mattes, Christoph (Hrsg.): Armut ohne Ausweg. Sozialberatung im aktivierenden Sozialstaat, S. 70-89. Lambertus: Freiburg.

Meier Magistretti, Claudia; Arnold, Claudia; Zinniker, Maya; Brauneis, Peter (2013): Wirkt Schuldenprävention? Empirische Grundlagen für die Praxis mit Jugendlichen und jungen Erwachsenen, Schlussbericht. Hochschule Luzern Soziale Arbeit: Luzern. https://www.zora.uzh.ch/id/eprint/91457/1/Meier_Magistretti_2013_WirktSchuldenpraevention_Schlussbericht.pdf (aufgerufen am 20.11.2023).

Mohr, Sören; Nicodemus, Johanna; Stoll, Evelyn; Weuthen, Ulrich; Juncke, David (2022): Diskriminierungserfahrungen von fürsorgenden Erwerbstätigen im Kontext von Schwangerschaft, Elternzeit und Pflege von Angehörigen. Abschlussbericht Prognos AG. Hrsg.: Antidiskriminierungsstelle des Bundes: Berlin. 18 Peters, Sally; Roggemann, Hanne (2022): iff-Überschuldungsreport 2022. Überschuldung in Deutschland. Institut für finanzdienstleistungen: Hamburg.

Peters, Sally; Roggemann, Hanne; Angermeier, Katharina; Größl, Ingrid (2023): iff-Überschuldungsreport 2023. Überschuldung in Deutschland. Institut für finanzdienstleistungen: Hamburg.

Pollack, Reinhard (2021): Ausmaß von sozialen Auf- und Abstiegen. Bundeszentrale für politische Bildung (bpb), Datenreport 2021. https://www.bpb.de/kurz-knapp/zahlen-und-fakten/datenreport-2021/sozialstruktur-und-soziale-lagen/330077/ausmass-von-sozialen-auf-und-abstiegen/ (aufgerufen am 13.01.2024).

Roggemann, Hanne; Peters, Sally; Damar-Blanken, Duygu; Klinger, Helena; Größl, Ingrid; Päsler, Maximilian (2023): Kreditkompetenz junger Menschen in Deutschland. Institut für finanzdienstleistungen: Hamburg. https://www.iff-hamburg.de/wp- content/uploads/2023/03/studie-kreditkompetenz-junge-menschen-finanzielle-bildung_2023_sally- peters_hanne-roggemann.pdf (aufgerufen am 20.11.2023).

Schlabs, Susanne (2007): Schuldnerinnen – eine biografische Untersuchung: Ein Beitrag zur Überschuldungsforschung. Barbara Budrich: Opladen/Farmington Hills.

Schmidt, Renate; Sick, Helma (2015): Ein Mann ist keine Altersvorsorge. Warum finanzielle Unabhängigkeit für Frauen so wichtig ist. Kösel: München.

Schnetzer, Simon; Hampel, Kilian; Hurrelmann, Klaus (2024): Trendstudie "Jugend in Deutschland 2024: Verantwortung für die Zukunft? Ja, aber. Pressekonferenz und Veröffentlichung der Trendstudie 23.04.2024.

Schrenker, Annekatrin; Wrohlich, Katharina (2022): Gender Pay Gap ist in den letzten 30 Jahren fast nur bei Jüngeren gesunken. DIW Wochenbericht 9/2022, S. 149-154. Berlin. https://www.diw.de/de/diw_01.c.836567.de/publikationen/wochenberichte/2022_09_3/gender_pay_gap_ist_in_den_letzten_30_jahren_fast_nur_bei_juengeren_gesunken.html (aufgerufen am 20.01.2024).

SchuldnerAtlas Deutschland (2022): Überschuldung von Verbrauchern. Creditreform.

SchuldnerAtlas Deutschland (2024): Überschuldung von Verbrauchern. Creditreform.

Schwarzer, Ralf; Jerusalem, Matthias (2002): Das Konzept der Selbstwirksamkeit. In: Jerusalem, Matthias; Hopf, Diether (Hrsg.): Selbstwirksamkeit und Motivationsprozesse in Bildungsinstitutionen. Zeitschrift für Pädagogik, Beiheft 44, S. 28-53. Beltz: Weinheim.

Sherraden, Michael (2018): Asset Building as Social Investment. The Journal of Sociology & Social Welfare: Vol. 45, Iss. 4, Article 4. DOI: https://doi.org/10.15453/0191-5096.4242 (aufgerufen am 18.12.2023).

Taylor, Mark; Jenkins, Stephen; Sacker, Amanda (2011): Financial capability, income and psychological wellbeing. Institute for Social and Economic Research. ISER Working Paper Series 2011–18. https://www.econstor.eu/handle/10419/65970?locale=de (aufgerufen am 10.01.2024).

Unterweger, Gisela (2013): Der Umgang mit Geld als kulturelle Praxis: Eine qualitative Untersuchung in der gesellschaftlichen Mitte. Chronos: Zürich.

Welter-Enderlin, Rosmarie; Hildenbrand, Bruno (2012): Resilienz – Gedeihen trotz widriger Umstände. Carl-Auer: Heidelberg.

Wirtschafts- und Sozialwissenschaftliches Institut der Böckler-Stiftung (WSI) (2025): Bei Kita oder Ganztagsschule: 59% der erwerbstätigen Eltern mit Schließungen oder verkürzten Betreuungszeiten konfrontiert. https://www.wsi.de/de/pressemitteilungen-15991-erwerbstaetige-eltern-mit-schliessungen-oder-verkuerzten-betreuungszeiten-konfrontiert-66537.htm (aufgerufen am 15.03.2025)

Kapitel 5

Alemanni, B. (2025). Capital for the future: The role of family in the financial education of young people. https://www.sdabocconi.it/en/sda-bocconi-insight/research-updates/banking--insurance/capital-for-the-future-the-role-of-family-in-the-financial-education-of-young-people?utm_source=chatgpt.com (abgerufen am 04.07.2025).

Aprea, C. (2025). Denken, Fühlen und Handeln junger Menschen in Deutschland zur Altersvorsorge: Was folgt für die Finanzbildung der Zukunft. In H. Müllerleile, K. Schminke, C. Aprea & C. Traxler (Hrsg.), Jugend – Vorsorge – Finanzen. 6. Metallrente-Studie (S. 97-104). Beltz Juventa.

Aprea, C., Wolfert, S. & Schneekloth, U. (2025). Financial Literacy und Verständnis der gesetzlichen Rentenversicherung. In H. Müllerleile, K. Schminke, C. Aprea & C. Traxler (Hrsg.), Jugend – Vorsorge – Finanzen. 6. Metallrente-Studie (S. 70-91). Beltz Juventa.

Aprea, C. (2024). Finanzieller Stress und Überschuldung. In P. Pfeil, M. Müller, & C. Mattes (Hrsg.), Überschuldungsforschung (S. 225–236). Nomos.

Aprea, C. (2023). Resilienz von kaufmännischen Angestellten in der digitalen Transformation: Eine explorative Interviewstudie. bwp@ Profil 8: Netzwerke – Strukturen von Wissen, Akteuren und Prozessen in der beruflichen Bildung. www.bwpat.de/ausgabe/profile/profil8/aprea (abgerufen am 04.07.2025).

Aprea, C., Bucher Koenen, T., Cziriak, M., Gilan, D., & Lohner, M. (2023). Multiple Facetten der Resilienz von vulnerablen Verbraucherinnen und Verbrauchern im Umgang mit finanziellen Schocks: Erkenntnisse aus der Corona Pandemie. In

A. Achtziger & P. Kenning (Hrsg.), Verbraucherresilienz: Risikofaktoren, Vulnerabilitäten und Interventionen (S. 69–84). Nomos.

Aprea, C. (2019). Finanzielle Bildung gegen Armut – ein zielführender Weg? In C. Mattes & C. Knöpfel (Hrsg.), Armutsbekämpfung durch Schuldenprävention: Empirische Befunde, methodische Zugänge und Perspektiven (S. 39–52). Springer VS.

Aprea, C., Schultheis, J. & Stolle, K. (2018). Instructional integration of digital learning games in financial literacy education. In T. Lucey & K. Cooter (Eds.), Financial literacy for children and youth (pp. 69–88). Peter Lang.

Aprea, C. (2014). Finanzielle Allgemeinbildung. Entwurf einer bildungstheoretisch verankerten Konzeptualisierung, Zeitschrift für Didaktik der Gesellschaftswissenschaften, 5(2), 68–89.

Bialowolski, P., Cwynar, A. and Weziak-Bialowolska, D. (2022), The role of financial literacy for financial resilience in middle-age and older adulthood. International Journal of Bank Marketing, Vol. 40 No. 7, pp. 1718-1748.

Bundesministerium für Arbeit und Soziales (BMAS). (2021). Sechster Armuts- und Reichtumsbericht der Bundesregierung. Berlin. www.armuts-und-reichtumsbericht.de/SharedDocs/Downloads/Berichte/sechster-armuts-reichtumsbericht.html (abgerufen am 04.07.2025).

Cziriak, M. (2022). Households' financial fragility during the COVID 19 pandemic in Germany (ZEW Discussion Paper No. 22-070). ZEW – Leibniz-Zentrum für Europäische Wirtschaftsforschung. https://www.econstor.eu/handle/10419/268249 (abgerufen am 04.07.2025).

Darin-Mattsson, A., Andel, R., Celeste, R.K. & Kåreholt, I. (2018). Linking financial hardship throughout the life-course with psychological distress in old age: Sensitive period, accumulation of risks, and chain of risks hypotheses. Social Science and Medicine, 201, 111-119.

Destatis (2025). Ältere Menschen tragen besonders hohe Schuldenlast. Pressemitteilung des Statistischen Bundesamtes www.destatis.de/DE/Presse/Pressemitteilungen/2025/06/PD25_213_63511.html (abgerufen am 04.07.2025).

Fletcher, M., & Wright, R. (2024). Sowing seeds: The impact of financial socialization on the financial understanding of young children and preschoolers. Journal of Consumer Affairs, 58(3), 763-793.

Friedline, T., & Despard, M. R. (2019). Young adults' financial security and physical health. Journal of Financial Counseling and Planning, 30(2), 230–245.

Graefe, S. (2019). Resilienz im Krisenkapitalismus. Wider das Lob der Anpassungsfähigkeit. transcript.

Grages, C., & Och, R. (2024). Coping with old-age poverty: The role of agency and different forms of societal support. Zeitschrift für Sozialreform, 70(1), 7–31.

Havighurst, R. J. (1948). Developmental tasks and education. The University of Chicago Press.

Leumann, S. & Aprea, C. (2015). Kognitive und emotionale Aspekte finanzieller Handlungsfähigkeit. Suchtmagazin, 41(2), 39-41.

Liu, T., Fan, M., Li, Y. & Yue, P. (2024). Financial literacy and household financial resilience. Finance Research Letters, 63, 105.378

Lusardi, A. & Mitchell, O. S. (2014). The Economic Importance of Financial Literacy: Theory and Evidence. Journal of Economic Literature, 52(1), 5–44.

Lusardi, A., Mitchell, O. S. & Oggero, N. (2018). The changing face of debt and financial fragility at older ages. AEA Papers and Proceedings, 108, 407–411.

Lusardi, A., Mitchell, O. S., & Curto, V. (2010). Financial literacy among the young. Journal of Consumer Affairs, 44(2), 358–380.

Martin, R., & Sunley, P. (2015). On the notion of regional economic resilience. Cambridge Journal of Regions, Economy and Society, 3(1), 27–43.

Modigliani, F. & Brumberg, R.H. (1954). Utility Analysis and the Consumption Function: An Interpretation of Cross-Section Data. In Kurihara, K.K. (Ed.), Post-Keynesian Economics, Rutgers University Press, 388-436.

OECD (2021). Building Financial Resilience: Financial Education and Consumer Protection in the Post-COVID-19 World. OECD Publishing.

Pinquart, M. (2018). Junges und mittleres Erwachsenenalter. In R. Deinzer & O. von dem Knesebeck (Hrsg.), Onlinelehrbuch der Medizinischen Psychologie und Medizinischen Soziologie. German Medical Science GMS Publishing House.

Quenzel, G. & Hurrelmann, K. (2022) Lebensphase Jugend. Beltz.

Röstel, D. (2023). Finanzkompetenz von Erwachsenen im Jahr 2022 – Ergebnisse einer Verbraucherbefragung. www.bafin.de/SharedDocs/Downloads/DE/Anlage/dl_Ergebnisse_Verbraucherumfrage_Finanzkompetenz_2022.html (abgerufen am 04.07.2025).

Schlimbach, T., Guglhör-Rudan, A., Castiglioni, L., & Boll, C. (2014). Kinderarmut - Die Perspektive von Kindern und Jugendlichen –Schlussfolgerungen für Unterstützung. file:///C:/Users/aprea/Downloads/DJI_PolicyBrief_Kinderarmut_Nov.2024.pdf (abgerufen am 04.07.2025).

Schnetzer, S., Hampel, K. & Hurrelmann, K. (2025). Jugend in Deutschland 2025. https://www.simon-schnetzer.com/jugendstudien/jugend-in-deutschland-2025 (abgerufen am 04.07.2025).

Serido, J., Shim, S., & Tang, C. (2013). A developmental model of financial capability: A framework for promoting a successful transition to adulthood. International Journal of Behavioral Development, 37(4), 287–297.

Shefrin, H. M & Thaler, R H. (1988). The Behavioral Life-Cycle Hypothesis. Economic Inquiry, 26(4), 609-643.

Shim, S., Barber, B. L., Card, N. A., Xiao, J. J., & Serido, J. (2009). Financial socialization of first-year college students. Journal of Youth and Adolescence, 39(12), 1457–1470.

Silinskas, G., Ranta, M. & Wilska, T.A. (2021). Financial Behaviour Under Economic Strain in Different Age Groups: Predictors and Change Across 20 Years. Journal of Consumer Policy, 44, 235–257.

Tan, M.Z.Y. (2022). Resilience is a dirty word: misunderstood, and how we can truly build it. Critical Care, 26(168),1-3.

Vogel, C., & Künemund, H. (2022). Einkommen und Armut im Alter. Aus Politik und Zeitgeschichte, 20, 12–19. www.bpb.de/shop/zeitschriften/apuz/rente-2022/508220/einkommen-und-armut-im-alter (abgerufen am 04.07.2025).

Wolfert, S., Schneekloth, U. & Aprea, C. (2025). Finanzinteresse, Selbsteinschätzungen und Informationsverhalten bzw. -wünsche. In H. Müllerleile, K. Schminke, C. Aprea & C. Traxler (Hrsg.), Jugend – Vorsorge – Finanzen. 6. Metallrente-Studie (S. 60-69). Beltz Juventa.

Wong, R., DeGraff, D.S. & Orozco-Rocha, K. (2023). Economic Resources and Health: A Bi-Directional Cycle for Resilience in Old Age. Journal of Aging and Health, 35(10), 767-780.

Wong, C.A, Hakimi, S., Santanam, T.S, Madanay, F., Fridman, I., Ford, C., Patel, M. & Ubel, P.A. (2021). Applying Behavioral Economics to Improve Adolescent and Young Adult Health: A Developmentally-Sensitive Approach. Journal of Adolescent Health, 69(1), 17-25.

Yuji Horioka, C. & Ventura, L. (2024). Do the Retired Elderly in Europe Decumulate Their Wealth? The Importance of Bequest Motives, Precautionary Saving, Public Pensions, and Homeownership. Review of Income and Wealth, 70, 187-212.

Endnoten

[1] Die Erstveröffentlichung des Beitrags ist am 02. August 2024 im Online-Journal »Hauswirtschaft und Wissenschaft« erschienen. Siehe: Preuße H, Bödeker S, Bürkin B (2024): Finanzielle Resilienz im privaten Haushalt. Hauswirtschaft und Wissenschaft 72 (2024) ISSN online 2626-0913. https://haushalt-wissenschaft.de doi: 10.23782/HUW_08_2024. Wir danken dem Herausgeber für die Zustimmung, den Beitrag für den vorliegenden Sammelband zur Verfügung zu stellen.

[2] Fröhlich-Gildhoff, Rönnau-Böse 2017, 2022; Leipold 2015

[3] Fröhlich-Gildhoff, Rönnau-Böse 2022, S. 11

[4] Heller 2015, S. 7

[5] Fröhlich-Gildhoff, Rönnau-Böse 2017; Heller 2019, S. 7

[6] Fröhlich-Gildhoff, Rönnau-Böse 2022, S. 12; Heller 2019, S. 7

[7] Leipold 2015, S. 32

[8] Fröhlich-Gildhoff, Rönnau-Böse 2022, S. 10

[9] Kölbel, Erckrath 2023, S. 13 f.

[10] Kölbel, Erckrath 2023, S. 12

[11] Heller 2019, S. 9

[12] von Schweitzer 1991, S. 135 f.

[13] Nibud 2018, S. 5 f.

[14] FSA 2005, S. 32 f.

[15] 2018, S. 5

[16] Preuße 2023

[17] Bödeker et al. 2022, S. 69

[18] 2023, S. 12

[19] Deutscher Kinderschutzbund Frankfurt/Main 2022

[20] Thiel, K.: »Von Aufwärtsvergleichen und Abwärtsspiralen: Soziale Vergleiche auf Instagram«, unter: https://leibniz-hbi.de/3590/ (abgerufen am 28.01.2025)

[21] Redaktion VZ - Verbraucherzentrale Bayern: »Dark Patterns im Internet: Wie man zum Klicken und Kaufen verleitet wird«, unter https://www.vis.bayern.de/digitale_welt/sicherheit_internet/dark_patterns.htm (abgerufen am 28.01.2025)

[22] Schülerjobs.de: »Wie viel Taschengeld steht dir 2025 zu?«, unter: https://schuelerjobs.de/ratgeber/taschengeldempfehlung-kinder-jugendliche (abgerufen am 28.01.2025)

[23] Statistisches Bundesamt, DESTATIS: »Auszubildende verdienten 2022 im Schnitt 1 057 Euro brutto im Monat«, unter: https://www.destatis.de/DE/Presse/Pressemitteilungen/2023/04/PD23_N024_62_12.html (abgerufen am 28.01.2025)

[24] Bundesministerium für Forschung und Bildung: »Was sind Bedarfssätze und wie hoch sind sie?« unter: https://www.xn--bafg-7qa.de/bafoeg/de/das-bafoeg-alle-infos-auf-einen-blick/foerderungsarten-und-foerderungshoehe/was-sind-bedarfssaetze-und-wie-hoch-sind-sie/was-sind-bedarfssaetze-und-wie-hoch-sind-sie.html (abgerufen am 28.01.2025)

[25] Umwelt im Unterricht: Materialien und Service für Lehrkräfte – BMUV-Bildungsservice: »Buy now, pay later – Kleinkredite als Verschuldungsrisiko für Jugendliche«, unter: https://www.umwelt-im-unterricht.de/hintergrund/buy-now-pay-later-kleinkredite-als-verschuldungsrisiko-fuer-jugendliche (abgerufen am 28.01.2025)

[26] Bundesanstalt für Finanzdienstleistungsaufsicht, BaFin: »Haftpflichtversicherung«, unter: https://www.bafin.de/ref/19642098 (abgerufen am 28.01.2025)

[27] Mese, O. und Nöthling, N.: »Die Versicherung für alle Fälle«, unter https://www.sueddeutsche.de/wirtschaft/haftpflichtversicherung-millionenschaden-kinder-schadenersatz-1.6329443 (abgerufen am 28.01.2025)

[28] Bundesanstalt für Finanzdienstleistungsaufsicht, BaFin: »Berufsunfähigkeitsversicherung«, unter: https://www.bafin.de/ref/19642062 (abgerufen am 28.01.2025)

[29] Statista Research Department: »Wahrscheinlichkeit einer Berufsunfähigkeit bis zur Rente mit 65 nach Altersgruppen«, unter: https://de.statista.com/statistik/daten/studie/28002/umfrage/wahrscheinlichkeit-der-berufsunfaehigkeit-bis-zur-rente-mit-65/ (abgerufen am 28.01.2025)

[30] Radtke, R.: »Verteilung der Ursachen von Berufsunfähigkeit in Deutschland im Jahr 2024«, unter: https://de.statista.com/statistik/daten/studie/536354/umfrage/verteilung-der-ursachen-von-berufsunfaehigkeit-in-deutschland/ (abgerufen am 28.01.2025)

[31] Barmer-Instituts für Gesundheitssystemforschung (bifg): »BARMER-Analyse – Diagnose Depression bei immer mehr jungen Menschen«, unter: https://www.barmer.de/presse/presseinformationen/pressearchiv/diagnose-depression-bei-immer-mehr-jungen-menschen-1288264 (abgerufen am 28.01.2025)

[32] AOK: »Souverän mit sozialen Medien umgehen«, unter https://www.aok.de/pk/magazin/koerper-psyche/psychologie/der-einfluss-sozialer-medien-auf-die-psyche/ (abgerufen am 28.01.2025)

[33] https://im-team.eu/, aufgerufen am 8.4.25

[34] vgl. dazu Meyer 2019

[35] vgl. Meyer 2019, Müller/Jungk 1989

[36] Präventionsveranstaltungen für Kinder, Jugendliche und (junge) Erwachsene - Diakonie Krefeld & Viersen

[37] Kontakt: DIE:WERKSTATT, Prof. Dr. Lars Meyer, IU – Internationale Hochschule, www.werkstatt-meyer.de

[38] vgl. Meyer 2019, Reich 2008

[39] vgl. Jungk/Müllert 1981

[40] Im Artikel werden die weibliche und männliche Form abwechselnd genutzt oder ein Doppelpunkt verwendet, um den Prämissen der gendergerechten Sprache Rechnung zu tragen.

[41] Vgl. u. a. Welter-Enderlin/Hildenbrand 2012

[42] Vgl. u. a. Hoerning 1995; Klingenberger und Ramsauer 2017; Happel 2017

[43] Das Konzept der Selbstwirksamkeit, entwickelt vom Psychologen Albert Bandura, repräsentiert das Maß an Vertrauen einer Person in die eigenen Fähigkeiten, Aufgaben erfolgreich zu bewältigen und Herausforderungen zu meistern (vgl. u. a. Schwarzer und Jerusalem 2002).

[44] Happel 2017, S. 192ff

[45] Vgl. ebd., S. 195f

[46] Cziriak 2022

[47] Vgl. u. a. Dausien 1994; Alheit 1995; Apitzsch 2003

[48] Vgl. u. a. Schütze 1981

[49] Vgl. u. a. Haubl 2004, 2010; Unterweger 2013; Grohmann und Menkhoff 2015; Happel 2017

[50] Haubl 2019; Happel 2017; Happel 2023. Eine solcherart problematische Gelderfahrung innerhalb der Familie wurde anhand eines exemplarischen Fallbeispiels im Handbuch Überschuldungsforschung skizziert (vgl. Happel 2024a).

[51] Happel 2017

[52] Vgl. u. a. Peters und Roggemann 2022; Peters et al. 2023; SchuldnerAtlas 2022; 2024

[53] Vgl. Haubl 2004; 2010; 2019

[54] Ein Forscher:innenteam am iff Hamburg hat die durchschnittliche Kreditkompetenz von jungen Erwachsenen analysiert und einen Kreditkompetenz-Index entwickelt. Der Index offenbart »erhebliche Wissenslücken der Jugendlichen und jungen Erwachsenen in den für »Kreditkompetenz« relevanten Themenbereichen« (Roggemann et al. 2023, S. 34).

[55] Happel 2017

[56] Vgl. u. a. Größl et al. 2020; Happel 2023

[57] Vgl. u. a. Hünefeld und Dötsch 2023

[58] Vgl. DIW Wochenbericht 9/2022 zum Gender Pay Gap (Schrenker und Wrohlich 2022)

[59] Ein Klumpenrisiko beschreibt die kumulative Häufung von Risiken. Für Mütter entstehen biografische und finanzielle Risiken »aus dem Zusammenwirken von schwerwiegenden strukturellen Fehlanreizen, gebündelt mit individuellen Entscheidungen, die auf den ersten Blick ökonomisch sinnvoll erscheinen« (Happel 2023, S. 19).

[60] DGB 2025, S. 17

[61] Brigitte Studie, 2021: »Mein Leben, mein Job und ich« (Brigitte Presseportal, 03.03.2021). https://www.presseportal.de/pm/6788/4853627 aufgerufen am 09.11.2023

[62] Mastercard Womenomics-Studie zu Frauen und Finanzen, 2022 (Pressemitteilung 30. November 2022). https://www.mastercard.com/news/europe/de-de/newsroom/pressemitteilungen/de-de/2022/november/womenomics-studie-zu-frauen-und-finanzen-nur-63-prozent-der-deutschen-frauen-fuhlen-sich-finanziell-unabhangiger-als-frauen-vorheriger-generationen/ aufgerufen am 09.11.2023

[63] Vgl. u. a. Bertelsmann Stiftung 15.07.2021: Trotz Arbeit abgehängt: Armutsrisiko von Alleinerziehenden verharrt auf hohem Niveau. https://www.bertelsmann-stiftung.de/de/themen/aktuelle-meldungen/2021/juli/armutsrisiko-von-alleinerziehenden-verharrt-auf-hohem-niveau, aufgerufen am 23.01.2024

[64] Aprea et al. 2022, S. 3.

[65] Vgl. ebd.

[66] Mohr et al. 2022

[67] Wenngleich es in den vergangenen Jahren Fortschritte beim Ausbau von Kita-Angeboten gab, fehlten nach den jüngsten Berechnungen der Bertelsmann Stiftung in Deutschland Ende 2023 rund 430.000 Kita-Plätze (Bock-Famulla et al. 2023).

[68] Vgl. WSI 2025

[69] Vgl. u. a. Schmidt und Sick 2015; Happel 2023; Happel 2024b

[70] Beispielsweise Gender Pay Gap, Child Penalty, Rentenlücke

[71] Happel 2023, S. 39

[72] BMAS 2021, S. XX

[73] Vgl. hierzu ebenfalls: »In den oberen sozialen Lagen herrscht große Stabilität, Personen aus den mittleren Lagen gelingt es vielfach weiterhin, aufzusteigen« BMAS 2021, S. XX, BMAS 2021, S. XX

[74] Vgl. SchuldnerAtlas 2022, S. 37 sowie SchuldnerAtlas 2024

[75] Das Präventionsnetzwerk Finanzkompetenz e.V. ist ein eingetragener gemeinnütziger Verein, der sich für die Stärkung der Finanzbildung, Finanzkompetenz und Schuldenprävention einsetzt (vgl. https://pnfk.de/)

[76] Vgl. u. a. Korczak 2006; Kuhlmann 2008; Mattes 2010; Pollack 2021

[77] Vgl. u. a. Kaiser und Menkhoff 2021

[78] Beratungsdienst Geld und Haushalt, Pressemitteilung vom 10.01.2023

[79] Vgl. ebd.

[80] Vgl. https://www.bmbf.de/bmbf/shareddocs/kurzmeldungen/de/2023/03/230323-finanzielle-bildung-meldung.html aufgerufen am 10.01.2024. Die Finanzbildungs-

plattform »Mit Geld und Verstand« wurde im Rahmen der bundesweiten Konferenz »Finanzielle Bildung für das Leben« im Dezember 2023 offiziell gelauncht. Nach dem Bruch der Ampelkoalition im Winter 2024 wurde die nationale Finanzbildungsstrategie vorerst auf Eis gelegt. Bundesbildungsministerin Bettina Stark-Watzinger und Bundesfinanzminister Christian Lindner hatten den OECD-Vorschlag für eine solche Strategie entgegengenommen und ihre Umsetzung angekündigt.

[81] Happel 2017, S. 283

[82] Größl et al. 2020

[83] Schnetzer, Hampel und Hurrelmann 2024. Pressekonferenz und Veröffentlichung. https://simon-schnetzer.com/blog/jugend-in-deutschland-2024-veroeffentlichung-der-trendstudie/ aufgerufen am 23.04.2024

[84] Vgl. Happel und Peters (2024); Happel et al. 2025

[85] Vgl. SILKYplus. Social Inclusion Labs für Kids und Youngsters. Paritätischer Wohlfahrtsverband Landesverband Baden-Württemberg. https://www.werkstatt-paritaet-bw.de/projekt/silkyplus

[86] Aprea et al. 2022, S. 3

[87] Stärkende Resilienzfaktoren: 1. Selbstwahrnehmung 2. Optimistischer Blick auf das Leben 3. Selbstregulation 4. Problemlösung 5. Eigenverantwortung 6. Netzwerkorientierung 7. Zukunftsorientierung

[88] https://www.deutsche-rentenversicherung.de/DRV/DE/Rente/Kurz-vor-der-Rente/Wie-hoch-wird-meine-Rente/wie-hoch-wird-meine-rente_node.html#:~:text=Aktueller%20Rentenwert,-Das%20ist%20der&text=Aktuell%20beträgt%20er%2037%2C60,37%2C60%20Euro%20für%20Ostdeutschland, aufgerufen am 28.2.24

[89] https://www.malteser.de/dabei/information-tipps/altersarmut-in-deutschland-ein-ueberblick.html, aufgerufen am 28.2.24

[90] Armutsgefährdung sowie materielle und soziale Entbehrung bei älteren Menschen - Statistisches Bundesamt, aufgerufen am 31.3.24

[91] Laufende Projekte - iff | institut für finanzdienstleistungen e.V., aufgerufen am 31.3.25

[92] https://www.geldundhaushalt.de, aufgerufen am 28.2.24

[93] https://rentenbescheid24.de/mit-dem-rentnerausweis-viel-geld-sparen/, aufgerufen am 28.2.24

[94] z. B. bei der Suche nach Wohngeld auf die Seite BMWSB - Wohngeld - Wohngeld-Plus - Rechner (ab 1. Januar 2025), aufgerufen am 30.3.24, oder auf die Homepage der Stadt, in der Sie wohnen. Oder wenden Sie sich an eine Beratungsstelle vor Ort: Caritas, Diakonie, DRK, etc.

[95] s.a. obelio.com/de/index.html, aufgerufen am 28.2.24

[96] https://www.meine-schulden.de, SchuldnerAtlas Deutschland | Überschuldung in Deutschland, aufgerufen am 8.4.25

[97] https://www.diakonie.de/informieren/infothek/2023/januar/mehr-hilfe-fuer-ueberschuldete-seniorinnen-und-senioren, aufgerufen am 28.2.24

[98] https://www.diakonie.de/informieren/infothek/2023/september/schuldnerberatung-geht-zu-seniorinnen-und-senioren

[99] https://www.finanztip.de/community/forum/thema/32489-geld-anlegen-und-ausgeben-im-alter/, aufgerufen am 30.3.25 Allgemein gibt es Foren zu unterschiedlichen Themen rund ums Geld: Private Finanzen - Finanztip Forum, aufgerufen am 30.3.25.

[100] Gemeinschaftlich wohnen, selbstbestimmt leben - Zuhause im Alter

FORUM Gemeinschaftliches Wohnen e.V., Bundesvereinigung | Projektbörse, aufgerufen am 28.2.24.

[101] Wohnen im Alter: im eigenen Zuhause bleiben | Verbraucherzentrale.de

[102] Z. B. bei Silverjobs | Wo Lebenserfahrung auf neue Chancen trifft

[103] Jetzt passende Sozialleistungen finden - Sozialplattform, aufgerufen am 31.3.25

[104] Webseitenempfehlung: Linkliste (nicht nur) für Senioren: Bundesministerium für Verbraucherschutz: BMUV: Verbraucherschutz, aufgerufen am 28.2.24

Verbraucherzentrale Bundesverband: vzbv | Verbraucherzentrale Bundesverband, aufgerufen am 28.2.24

Verbraucherinitiative e.V. (Bundesverband) www.verbraucher.org, aufgerufen am 28.2.24

Internet, Abzocke, Gesundheit, Ernährung, Klima… kostenfreie Informationen und Serviceangebote: www.verbraucher60plus.de, »1985 in Bonn gegründeter Bundesverband kritischer Verbraucherinnen und Verbraucher.« aufgerufen am 28.2.24

https://www.kirche-koeln.de/die-heiss-begehrte-neuauflage-von-schuldenfrei-im-alter-ist-da/, aufgerufen am 28.2.24

»Entwürdigende Armut«: Zahl der Rentner mit Sozialhilfe auf Rekordhoch – Im ersten Quartal 2024 bezogen 719.330 Rentner die sogenannte Grundsicherung im Alter. https://www.t-online.de/finanzen/aktuelles/id_100434018/abzuege-ueber-abzuege-was-von-der-rente-uebrig-bleibt.html, aufgerufen am 28.2.24

Köln : https://www.diakonie-koeln.de/, aufgerufen am 28.2.24

[105] OECD, 2021

[106] Tan, 2022

[107] Aprea, 2023

[108] Graefe, 2019

[109] Quenzel & Hurrelmann, 2022

[110] Leumann & Aprea, 2015

[111] Lusardi & Mitchel, 2014

[112] Darin-Mattsson et al., 2018

[113] Aprea, 2014 sowie Aprea et al., 2018

[114] Die Einteilung der Lebensphasen des Erwachsenenalters variieren geringfügig in den verschiedenen Quellen. Dieser Beitrag folgt der Einteilung von Pinquart (2018).

[115] Shim et al., 2009

[116] Friedline & Despard, 2019

[117] Lusardi, Mitchell & Curto, 2010

[118] Röstel, 2023

[119] Aprea et al., 2025

[120] Wong et al., 2021

[121] Destatis, 2025

[122] Schnetzer et al., 2025

[123] Alemanni, 2025

[124] Wolfert et al., 2025

[125] Martin & Sunley, 2015

[126] Aprea, 2025

[127] Bialowolski et al., 2022

[128] Silinskas et al., 2021

[129] Aprea et al., 2023; Cziriak, 2022

[130] Aprea, 2024

[131] Aprea, 2019

[132] Wong et al., 2023

[133] Yuji Horioka & Ventura, 2024

[134] BMAS, 2021

[135] Vogel & Kühnemund, 2022

[136] Röstel, 2023

Die Autorinnen und Autoren

Prof. Dr. Carmela Aprea
ist Inhaberin des Lehrstuhls für Wirtschaftspädagogik – Design und Evaluation instruktionaler Systeme (www.bwl.uni-mannheim.de/aprea/) an der Universität Mannheim und Gründungsdirektorin des Mannheim Institute for Financial Education (MIFE) (www.uni-mannheim.de/mife/). Ihre Forschungsgebiete umfassen insbesondere die finanzielle und ökonomische Allgemeinbildung sowie Resilienz in Lern- und Arbeitskontexten. Sie beschäftigt sich unter anderem mit der Messung von Finanzkompetenz, mit der Gestaltung und Evaluation wirksamer Finanzbildungsangebote sowie mit der Entstehung und Prävention von finanziellem Stress.

Prof. Dr. Stefanie Bödeker
war bis 2024 Professorin für Beratungsmethodik und Verbraucherdienstleistungen, Fachbereich Oecotrophologie an der Hochschule Niederrhein.

Birgit Bürkin
ist Dipl. Haushaltswissenschaftlerin und übte bis 2023 eine langjährige freiberufliche Tätigkeit als Budgetberaterin und in der Aus- und Weiterbildung zum Thema Haushaltsfinanzen aus.

Dr. Birgit Happel
ist Soziologin und Inhaberin der Finanzbildungsportale Geldbiografien® und Finanzbiografien. Sie promovierte über Geld und Lebensgeschichte und setzt sich für die wirtschaftliche Unabhängigkeit und finanzielle Gleichstellung von Frauen ein und engagiert sich für Chancengerechtigkeit. In ihrem Buch »Auf Kosten der Mütter« beleuchtet sie die finanziellen Folgen von Mutterschaft und ermutigt Frauen zu mehr Selbstbestimmung.

Helmut Peters
ist gelernter Bankkaufmann/Sparkassenbetriebswirt und war bis 2016 Fachberater für Schuldnerberatung bei der Diakonie Krefeld & Viersen. Er ist Autor und hat mehrere nachhaltige Präventionsprojekte entwickelt, u. a. Kneti, Bank und Jugend im Dialog.

Dr. Heide Preuße
war bis September 2024 Akademische Oberrätin an der Professur für Management personaler Versorgungsbetriebe, Justus-Liebig-Universität Gießen.

Jacob Risse
ist Sprecher des Netzwerks Finanzkompetenz des Landes Nordrhein-Westfalen, Gründungsmitglied der Deutschen Gesellschaft für Finanzkompetenz DeGeFin eG, koordiniert die OECD/INFE Global Money Week für Gesamtdeutschland, ist aktives Mitglied im Präventionsnetzwerk Finanzkompetenz e. V. und vermittelt mit seinem Unternehmen FunnyMoney finanzielle Bildung an junge Menschen.